北京市家禽创新团队资助项目（BAIC06-2024）

一枚好蛋的365天

陈 俐 主编

吕学泽 魏阳吉 副主编

YIMEI HAODAN DE
365 TIAN

中国纺织出版社有限公司

图书在版编目（CIP）数据

一枚好蛋的 365 天 / 陈俐主编 . -- 北京：中国纺织
出版社有限公司，2025. 6. -- ISBN 978-7-5229-2424-3

Ⅰ. F762. 5

中国国家版本馆 CIP 数据核字第 2025GU0918 号

责任编辑：罗晓莉　国　帅　　责任校对：寇晨晨
责任印制：王艳丽

中国纺织出版社有限公司出版发行
地址：北京市朝阳区百子湾东里 A407 号楼　邮政编码：100124
销售电话：010—67004422　传真：010—87155801
http://www.c-textilep.com
中国纺织出版社天猫旗舰店
官方微博 http://weibo.com/2119887771
北京印匠彩色印刷有限公司印刷　各地新华书店经销
2025 年 6 月第 1 版第 1 次印刷
开本：710×1000　1/16　印张：9.25
字数：145 千字　定价：58.00 元

本书编委会

主　编：陈　俐
副主编：吕学泽　魏阳吉
参　编：顾长瑜　皮青海　齐　蕊　刘熙媛　孙晓彤

吕学泽，北京市畜牧总站高级畜牧师，北京市乡村产业振兴专班成员，北京市农业农村标准化委员会委员，从事畜禽质量安全风险调查与控制技术推广相关工作。担任中国农业大学校外硕士生导师，出版专著6部，发表SCI文章11篇，参与制定地方标准4项，授权专利5项，获省部级以上科技奖励5项。主持全国优势特色产业集群（北京良种蛋鸡）、北京鸭地理标志保护工程、北京市乡村振兴科技项目等7项。

魏阳吉，高级工程师，先正达集团中国，熊猫指南感官实验室技术负责人，从事农产品感官分析工作。发表SCI论文2篇，核心期刊2篇，参与感官方向国家标准制/修订3项，授权专利10余项。主持完成茶油风味轮、彩椒风味轮等多个风味轮的研制工作。

前 言

　　禽蛋是人类食物中最重要的蛋白质来源之一，同时也是食用最为广泛的食品之一。从学生时代，作者就希望写一本介绍蛋禽和禽蛋的小册子。那时，每天的早餐有食堂里一枚0.5元的煮鸡蛋，这个价格甚至一直稳定至今，有了这个全营养餐打底，下午上课就不会出现低血糖；毕业试验使用的试验材料是SPF鸡胚，将经过分离、培养的样本接种至鸡胚的尿囊腔中，等待感染，收集纯化样本；日常使用的疫苗也是这样依靠柔嫩的鸡胚生产出来的，因此对鸡蛋过敏的人有可能不适合接种疫苗。鸡蛋曾经是童年餐桌上稀罕的美食，是外婆的偏爱，将一颗颗保存下来的鸡蛋腌制在小小的盐坛子里，用铅笔标记上日期，静静等待它溢出油香，煮熟搅拌在早餐的大米粥里，是多少人童年最惬意的欢乐。

　　如今，在我们的日常生活中，鸡蛋是再常见不过的食物了。它以亲民的价格、多样的烹饪方式，成为了餐桌上的常客，高产蛋鸡高达98%的产蛋率和日益被延长的饲养时间，让蛋鸡、蛋鸭成为畜牧行业首屈一指的"劳动模范"，也让家禽业蒙上各种猜测。能够天天下蛋的鸡是不是喂了激素和抗生素？蛋黄颜色那么红是不是喂了某某红？蛋黄胆固醇含量太高了，不是健康食品等。蛋鸡无法自证清白，只能以鸡蛋为证。因此，如何向消费者介绍一枚好鸡蛋蛋生的365天就成为本书的主题，希望好鸡蛋自己会说话，希望为消费者拨开迷雾，了解鸡生和蛋生的过程，不踩坑、不交智商税，可以买贵的鸡蛋，但不能买贵了。

非常有幸与几位喜欢养鸡、喜欢识蛋、专业品鉴的好友共同完成此书的编写，本书在北京市农业农村局家禽创新团队岗位专家岗位工作经费的支持下付梓，并得到中央广播电视总台《生活圈》栏目郭真导演的帮助，她多次制作鸡蛋食用的科普节目，严谨认真的态度鼓励我完成此书，希望能够帮助消费者选好蛋、促进蛋禽产业的健康发展。然而，受认知和经历的局限，书中定会有疏漏和不足之处，请各位专家、朋友不吝赐教，笔者在此表示由衷的感谢。

参与文献资料收集、整理和编写的人员，根据内容，分别有绪论（陈俐），第一章~第三章（吕学泽），第四章（魏阳吉、孙晓彤），第五章（陈俐、刘熙媛）、第六章（魏阳吉、皮青海），第七章（陈俐、齐蕊），顾长瑜老师提供蛋品检测标准及方法的有关资料，陈俐、皮青海、齐蕊负责本书统稿、校对和修改的工作。

北京市家禽创新团队品质评价岗位专家　陈俐

2025年2月于北京朱辛庄

目 录

绪 论

　　禽蛋的质量差异非常大，鸵鸟蛋的质量可达1000~1500g，鸭蛋的质量通常在60~80g，鸡蛋的质量在40~70g，鸽子蛋的质量在14~19g，鹌鹑蛋的质量在10g左右，所谓芦丁鸡蛋（蓝胸鹑）则属于鹌鹑的一个品种。无论它们的质量差异如何？一枚禽蛋中都包含着从受精卵发育成胚胎至生长成雏禽所必需的全部营养成分，同时还具有保护这些营养成分的物质。这些营养成分的总量、比例结构、存在形态都非常适合胚胎的生长、发育。因此传统禽蛋品质研究中更加注重禽蛋的营养品质，研究通过哪些途径可以强化蛋品的营养品质，以及糖类、脂类、蛋白质、维生素、矿物质等营养物质在禽蛋中的比例结构等。针对蛋品的营养品质，生产企业推出了一系列营养强化鸡蛋，如叶酸鸡蛋、ω-3鸡蛋、富硒鸡蛋、叶黄素鸡蛋等。

　　随着食品安全的理念不断深入，禽蛋的安全品质也不断受到关注，从蛋品中的沙门氏菌污染、兽药残留、霉菌、重金属污染、血斑蛋、肉斑蛋等实验室检测技术逐渐被应用到实际生产中。在 GB 2749—2015 中提出对氧氟沙星、恩诺沙星、环丙沙星、氟苯尼考、金刚烷胺、氯霉素、硝基呋喃等药物不得检出，而对部分抗生素则规定了检出限值。鸡蛋的安全越来越受到消费者的关注。

　　蛋的加工品质是随着蛋加工制品的发展引申出来的，蛋粉、蛋液、蛋干、蛋白糖、蛋黄酱、蛋糕、蛋白肠、蛋丁、

蛋挞、茶碗蒸、咸蛋、松花蛋等，不同蛋制品将蛋的乳化性、打发性、凝胶性、保水性等优异的加工性能体现出来。

蛋的食用品质也称蛋的食味品质，以鸡蛋为例，其品质变化受蛋鸡品种、日粮来源、生长环境、蛋鸡生长情况、季节温度、产后贮存方式等的影响，通常，散养地方品种鸡蛋的食味品质要优于高产笼养鸡蛋，而春秋季的蛋品食味值要优于夏季高温季节。这是由于在现代育种过程中更多关注产量、外观等商品品质，导致控制蛋品食味品质的部分基因位点丢失，而夏季高温，蛋鸡处于热应激状态，饮水量增加，进食量减少，导致蛋白浓度降低，口感变差。

本书尝试从一枚好蛋的生产过程出发，既关注蛋的品质，也关注蛋鸡的健康，对蛋品的"四维品质"，即食用品质、营养品质、加工品质、安全品质进行多维度的研究和探讨。

第一章
如何生产：一枚好蛋

一枚鸡蛋（图1-1）富含孕育一个生命体所需的全部营养成分，因此，鸡蛋也被称作"全营养食品"。鸡蛋包含人体所需的蛋白质、脂肪、多种维生素和矿物质等，一枚50g重的鸡蛋约含蛋白质6.2g、脂类5.2g、碳水化合物0.2g，且含有人体所需的8种必需氨基酸，营养价值极高。此外，人体对鸡蛋营养素的吸收利用率高，鸡蛋逐渐成为居民日常膳食的重要食材。

图1-1　鸡蛋

鸡蛋是一种低环境影响的蛋白质来源，得益于近年来在农场和鸡蛋供应链中生产效率和生产力的显著提升，鸡蛋更是成为与某些植物性食品相媲美的动物蛋白质来源。经过多年的行业发展，鸡蛋已从初级农产品品类转变成对安全、新鲜、品质、功能等都有较高要求的快消品。一枚好蛋体现的不仅是好的生产过程、好的产品品质和好的品牌价值，更多承载的是人们对美好生活的向往，一枚好蛋的背后离不开对蛋鸡种源、营养饲喂、设施设备、饲

养管理、环境控制、生物安全等各个环节的把控。

当前，我国蛋品行业进入数量急剧增加和产能相对过剩的阶段，从原来的缺蛋到现在的缺好蛋，只有生产一枚让消费者放心、安心、欢心的鸡蛋，才能真正实现农业生产的价值。随着消费的升级，品牌蛋企不仅要提高蛋品生产效率，把控鸡蛋产品质量，更重要的是要从鸡蛋生产的各个环节为消费者打造全程可控、质量可溯，集营养与风味为一体的高品质鸡蛋。

消费者认可的一枚好蛋包括非笼养蛋、土鸡蛋、功能蛋等，但实际上对一枚好蛋并没有确切的定义，通常是指具有地方品种鸡血缘的品种，在生态优良的环境中，经过科学喂养所产的符合品种特征，且蛋白浓稠、蛋黄大、口感好的鸡蛋。

一、品种选择

（一）国际蛋鸡品种介绍

鸡的品种按照功能通常可以分为3种：蛋用型、肉用型和蛋肉兼用型。蛋鸡，顾名思义，是指蛋用型品种，目前蛋鸡标准品种有科尼什鸡、洛岛鸡和来航鸡系列，大多高产蛋鸡都是由这3个品种培育而成。目前国际上主要蛋鸡品种已形成多个品牌，主要有EW集团的罗曼、海兰、尼克等，以及汉德克集团的伊莎、海赛克斯、宝万斯、迪卡、雪佛、沃伦、巴布考克等品牌。每个品牌下又细分为多个系列，包括褐壳、粉壳、白壳等，以适应不同地区市场客户的多样化需求。

19世纪以前，几乎没有开展自主的育种工作，但是不同的鸡品种之间会出现一定的杂交现象，最初对鸡的人工选择也是集中于体型外貌等外观性状，20世纪初，随着商业化蛋鸡养殖兴起，才开始有了真正意义上的蛋鸡育种，国际上的现代蛋鸡育种起始于20世纪30~40年代，育种目标也逐渐由注重体型外貌转向注重经济性状，蛋鸡育种最重要的是对产蛋性能的选育提高，产蛋性能受多种因素影响，包括开产日龄、产蛋强度、产蛋持续性以及产蛋周期等，这就促使蛋鸡育种由经验育种到数量育种、分子育种、智能育种的转变。成立于1932年的德国罗曼集团和成立于1937年的美国海兰公司是世界上最早的育种公司，在其带动下，经过近一个世纪的发展，形成了目前全球化、专业化的蛋鸡育种体系。

国际蛋鸡种业企业的规模和市场份额高度集中，当今国外的蛋鸡市场主要是海兰、罗曼和伊莎育种公司产品之间的竞争，而占世界40%蛋鸡存栏的中国市场则主要是德国EW集团旗下的品种与北京市华都峪口禽业有限责任公司自主培育的国产"京"系列蛋鸡品种之间的竞争，高产蛋种鸡的市场份额各占约45%。

（二）我国蛋鸡品种特点

我国是全球蛋鸡养殖和鸡蛋生产大国，年存栏良种蛋鸡祖代达到50多万套、父母代2000多万套、商品代约13亿只，鸡蛋产量达2600万吨，占世界总量的35%左右。优良品种对蛋鸡产业的发展和鸡蛋品质保障起到了核心带动作用。我国拥有世界上规模最大的蛋鸡产业，国内蛋鸡品种培育和选育工作得到前所未有的进步，蛋鸡也是唯一一个不受国外种源控制的畜禽品种。我国拥有世界三大蛋鸡育种公司，蛋鸡国产化率在50%以上。

我国是一个对农产品需求多元化的国家。以鸡蛋蛋壳颜色为例，美国和欧盟鸡蛋中95%为白色，5%为褐色。而我国市场中58%为褐壳鸡蛋，40%为粉壳鸡蛋，还有部分绿壳和白壳鸡蛋。并且按照鸡蛋大小分级，粉壳鸡蛋中又分普通蛋（>58g，30%）和小蛋（45~55g，10%）。此外，国内市场对蛋鸡品种的要求已不局限于鸡蛋本身，而是综合考虑淘汰鸡肉质、毛色、体重等性状，因此，自主选育的地方特色蛋鸡便受到广大养殖者的青睐。

地方鸡种在经过几千年的驯化，差异化的生态环境和多样化的社会经济条件，造就了丰富多彩的地方鸡品种。我国鸡遗传资源十分丰富，在国内外市场，我国鸡地方品种很受欢迎，主要因其有较好的肉蛋品质。我国共有鸡品种资源114个，分为蛋用型、肉用型和蛋肉兼用型，是世界上地方鸡种资源最丰富的国家。目前我国的家禽遗传资源得到了很好的保护，同时近30年来我国从国外引进了不少家禽纯系，一些国外优秀的纯系和配套系也得以保存，包括隐形白、来航鸡、贵妃鸡、罗斯、尼克、海兰等。此外，这些宝贵的遗传资源对满足我国百姓需求蛋鸡品种的选育提高和新品种培育具有重大意义。

40多年来，我国利用从国外引进的高产蛋鸡育种素材与我国地方品种资源培育出各具特色的专门化品系，采用二系或三系配套模式高效地进行新品种或配套系的培育工作。截至2024年6月，通过国家畜禽遗传资源委员会审定的我国自主培育的蛋鸡新品种（配套系）共有27个，其中，高产蛋鸡品种15个，以粉壳和褐壳蛋鸡为主，72周龄产蛋数超过300枚，生产性能达到或接近国外同类品种水平，主要适合规模化、集约化饲养；地方特色蛋鸡品种

12个，以粉壳和绿壳蛋鸡为主，大多是在我国地方鸡资源基础上培育而成，生产性能差异较大，72周龄产蛋数为220~280枚，蛋品质较好，蛋黄比例大、蛋白黏稠、蛋壳光泽度好、蛋重适中，主要适合小规模生态养殖和特色养殖，特色鸡蛋也更符合我国居民传统消费习惯，可以满足高端和个性化消费市场需求。

目前，我国蛋鸡品种已实现自主可控，国产蛋鸡品种祖代蛋种鸡平均存栏占比超过70%，父母代占比超过50%，从源头保障了国人对鸡蛋数量的需求。但随着经济社会的进一步发展，以及人们对美好生活的向往，消费者对鸡蛋产品的需求由数量型转向质量型。

（三）常见优质蛋鸡品种概况

通常指的优质蛋鸡品种包括我国种质特性优良的地方品种鸡和地方鸡与引进高产鸡杂交的配套系，也称为优质蛋鸡配套系，一般选用高产蛋品系作母本，地方蛋用型品种（系）作为父本进行二系或三系配套，以提高商品代的产蛋性能。目前市场常见的优质蛋鸡品种有农大系列节粮小型蛋鸡、红羽粉壳系列蛋鸡、绿壳蛋鸡、黑羽系列蛋鸡以及地方品种的蛋用型配套系。

1. 农大 3 号

农大3号节粮型蛋鸡，由中国农业大学经过十几年不懈努力，于2004年通过审定的优良蛋鸡品种。农大3号是世界上第一个矮小型蛋鸡商业化的品种，是目前唯一能与国外品种抗衡与竞争的具有世界领先水平的优良蛋用品种。农大3号是我国拥有自主知识产权的蛋鸡品种。利用DW基因育成小型高产蛋鸡配套系，成功培育出小体型、产粉壳蛋的农大3号小型蛋鸡，在降低饲料采食量的前提下，每只蛋鸡的产出效率提高。

与普通蛋鸡相比，同样生产1kg鸡蛋可以节约近0.4kg的饲料，而且营养、口感都十分出色。具有体型小、空间利用率高、耗料少、饲料转化率高、鸡蛋品质好、蛋黄比例大等优点。农大3号产蛋期平均日采食量只有90g左右，比普通鸡少20%左右，料蛋比一般在2.05∶1，高水平可以达到2∶1，比普通鸡提高饲料利用率15%左右，耗料少、饲料转化率高。145天蛋鸡的产蛋率可达50%、最高产蛋率超过94%；至72周龄累计饲养日产蛋数在305个以上；成年鸡体重1.55kg，比普通蛋鸡轻25%左右，它的自然体高比普通型蛋鸡矮10cm左右，占地面积少。该鸡抗病力较强，矮小型鸡对马立克病有较强的抵抗力，对一般细菌性病的抵抗力也比普通鸡强，因此产蛋期有较高的成活率。蛋壳颜色浅粉、平均蛋重较小且稳定时间长、双白净化达到国家标准等；农大3号生产的鸡蛋非常适合我国高端品牌鸡蛋市场的需求。农大3号小型蛋鸡已在全国28个省市区推广近10亿只，经济、生态和社会效益显著。

2. 大午金凤

大午金凤蛋鸡品种于2015年通过国家蛋鸡新品种审定，作为特色高产蛋鸡，大午金凤产蛋周期较长，平均每年产蛋量可达到280~300只左右，商品代蛋鸡育雏育成期成活率在98%以上，产蛋期成活率在95%以上，全期死淘率比普通粉壳蛋鸡降低至少6%。该品种的蛋重较为均匀，平均蛋重为50g左右，外观光泽好，同时，还具备红羽产粉壳蛋、蛋壳颜色鲜亮、蛋品品质优良、地域适应性强、脱啄死淘率低、生产性能稳定、淘汰鸡价值高等独特优势。

大午金凤商品代蛋鸡能够实现羽色雌雄自别，红羽为母鸡，白羽为公鸡，率先突破了红羽鸡不能产粉壳蛋的技术瓶颈，革新了粉壳蛋鸡的雌雄鉴别方式，代表了我国在粉壳蛋鸡育种上的领先水平，满足了市场对红羽产粉蛋蛋鸡的迫切需求。近年来，大午金凤的优良综合性状得到了广大养殖者的认可，目前累计推广达到4.35亿只及以上，供种能力可以满足市场需求，对打破国外垄断高产蛋鸡种源发挥了积极作用。

3. 京粉 6 号

京粉6号是2019年审定通过的具有自主知识产权的高产粉壳蛋鸡配套系，在世界上首次实现红羽鸡产中粉蛋，具有"高颜值"、产粉蛋、80周龄产蛋数达380枚的特点。据测定，京粉6号94周龄只鸡产蛋464枚，100周龄可实现500枚。京粉6号蛋鸡红羽产粉壳鸡蛋，平均蛋重62g，成鸡平均体重1.9kg左右，产蛋期日耗料105g，产蛋高峰可达95%。京粉6号充分发挥了产蛋多、蛋重适中、耗料低、存活率高、蛋壳质量好、蛋色光亮等特点，更好地满足了我国多元化的市场需求。

该品种是利用我国首款具有自主知识产权的蛋鸡DNA芯片"凤芯壹号"进行基因组选育，实现了国产蛋鸡芯片设计的零突破，建立国际一流的蛋鸡基因组选择技术平台并率先在国产蛋鸡"京粉6号"育种中应用，京粉6号属于红鸡下粉蛋品种，其体型小、蛋重小、产能高，具有采食量低、料

蛋比低等优势，此外，其蛋壳质量好，颜色正、色差小，是做品牌鸡蛋的理想选择。

该鸡淘汰鸡价格高，肉质好，性情温顺，兼具红羽鸡抵抗力强、产蛋率高的优点，京粉6号发挥良种优势，每只鸡一年多盈利6元，为社会创造巨大的经济和产业价值。截至目前，京粉6号累计推广超过1.2亿只，成为大规模养殖的首选品种、品牌蛋企的理想品种，赢得了蛋鸡全产业链的青睐。

养殖过程中需要注意以下两点：一是产蛋前管理。开产后的成果80%~90%归功于前期的饲养管理，因此必须做好产蛋前工作。育雏一般在6周龄末结束，此时应保证鸡体绒毛全部掉完且育成羽毛开始发育，此外，6周末体重至少达到400g。育成后期（80~100日龄）需要注意能量的摄入，使鸡储备更多的脂肪，促进生殖系统发育。二是开产期管理。开产期（100~130日龄）最重要的是器官和骨质的发育，需要保持足够的能量蛋白浓度、合适的能蛋比以及细石粉，以更好地促进脂肪、体内器官及骨骼的均衡发育，保障高峰期产蛋率。

二、营养饲喂

（一）营养的重要性

从营养层面来讲，要实现蛋鸡高产、高效和鸡蛋的安全、优质，首先要保证蛋鸡的健康。由于蛋鸡在其生命周期中产蛋量非常高，所以蛋鸡的健康是最核心、最关键的部分。在确保蛋鸡健康方面，肠道健康、生殖道健康、骨骼健康尤为值得关注，这些都决定了蛋鸡是否可以实现高效、安全、优质生产。因为鸡蛋是在生殖道中形成的，但是其所需要的营养物质是从消化道吸收，在肝脏代谢后转运进入卵泡中，再到达生殖道，最后形成完整的鸡蛋。因此，鸡蛋的每一个组分都与鸡采食的饲料密切相关。

（二）营养需求

蛋鸡的营养需求主要包括对碳水化合物、脂肪、蛋白质、氨基酸、矿物质和维生素等营养成分的需求。蛋鸡的营养需求与其品种、日龄、生产水平和生理状态等因素密切相关。在蛋鸡的生长期，需要足够的能量来保障其生长发育，而能量的来源主要是碳水化合物和脂肪；还需要一定的蛋白质来支持组织器官的生成和生长，因此蛋鸡饲料蛋白质的含量应适宜，过高、过低都会对生长效果带来负面影响；蛋鸡在此时还需要适量的矿物质，包括钙、磷、铁、硒等，这些矿物质对骨骼生长、肌肉、器官、免疫功能调节等起着关键作用；此外，蛋鸡在生长阶段对各种氨基酸的需求量也较高，特别是限制性氨基酸，如赖氨酸、蛋氨酸、色氨酸等，对蛋鸡生长发育同样发挥举足轻重的作用。进入产蛋期后，蛋鸡的能量需求会有所增加，主要以满足蛋黄合成、蛋壳形成和卵巢功能的需要；同时，产蛋期蛋鸡还需要适量的钙和磷来支持蛋壳的形成，以避免蛋壳质量的下降；另外，该阶段蛋鸡还有一定的维生素需求，维生素D、维生素E、维生素K等对钙的吸收和利用起着重要作用，B族维生素对蛋白质代谢和能量利用也很关键。

（三）饲料配方

饲料配方的制定需要严格遵守饲料配比原则和蛋鸡营养需求，确保饲料中营养成分的含量稳定、比例协调，以满足蛋鸡正常生长发育和生产的需要。根据饲料配比原则，配方的制定应该按照以下要求：要根据日龄阶段选择配料比例，以满足其营养需求；要选择优质的饲料原料，根据营养成分、含量、价格等因素进行合理的组合和配比；选择的饲料原料应该具有良好的稳定性和适口性，宜采用玉米、豆粕减量替代饲料资源高效利用技术，形成蛋鸡低蛋白日粮精准配制方案，并应用精准饲养技术，配合氨基酸平衡技术、有机微量元素和微生态制剂等产品，达到节粮、增效、提质的目标，充分发挥优质蛋鸡遗传潜力。

（四）原料选择

应该关注原料中的营养成分，同时还需要关注影响蛋鸡健康、鸡蛋品质的因素，以及在鸡蛋中残留而带来安全隐患的物质，这样就可以帮助企业建立饲料原料的质量控制参数，在选择原料和使用原料时，就有参考依据，从而指导配方生产。以蛋鸡饲料中使用比例最大的原料——玉米为例：第一，品种选择，最好要选择饲用玉米，如胶质玉米，不选用粉质玉米，因为前者消化淀粉含量较高，对蛋鸡消化吸收至关重要。第二，产地甄选，定期对各个原料产地的原料进行摸底调查，主要针对安全性和营养性指标进行检测。第三，质量控制，选用新玉米，不选用陈化粮、拍卖玉米等，同时要严标准储存玉米。第四，粒度筛选，粉碎粒度太大，容易造成分级，粉碎粒度太细，会对蛋鸡肌胃发育造成不利影响，每批原料都经检测合格后才能投入使用。第五，配方制定，根据玉米营养成分和蛋鸡营养需要配制多个配方，在进行饲喂测试后，再选出蛋品质最好的配方饲喂母鸡。

（五）常见蛋鸡饲料原料

1. 玉米

玉米是能量饲料之王，目前世界上70%~75%的玉米都用作饲料，玉米在蛋鸡饲料中占主导地位，影响玉米品质的因素主要有水分、贮藏时间、破碎粒和霉变情况，玉米水分含量高，不易贮存，容易霉变，霉变的玉米可降低适口性和鸡增重，甚至导致蛋鸡出现中毒症状。玉米作为饲料的营养价值如下。

（1）能量。玉米是谷实类籽实中可利用能量最高的，如代谢能（鸡）为13.56J/kg，这是因为玉米粗纤维含量少，仅2%；无氮浸出物高，为72%，且主要是淀粉，消化率高。

（2）蛋白质。玉米蛋白质含量较低（7%~9%），同时缺乏赖氨酸、色氨酸，原因是玉米蛋白质中多为玉米醇溶蛋白。

（3）亚油酸。玉米亚油酸含量达2%，是所有谷实饲料中含量最高的，在鸡的日粮中，要求亚油酸含量为1%，如玉米在日粮中的配比达到50%以上，则仅玉米即可满足鸡对亚油酸的需要量。

（4）维生素。玉米中含有丰富的维生素E，平均为20mg/kg，而维生素D、维生素K、维生素B、维生素B_1缺乏。新鲜玉米含维生素丰富，贮存时间过长可降低玉米中的维生素含量。

（5）矿物质。玉米含钙极少，仅0.02%左右；含磷约0.25%，其中植酸磷占50%~60%；同时含有一定量的铁、铜、锰、锌、硒等微量元素。

（6）色素。黄玉米含色素较多，主要是胡萝卜素、叶黄素和玉米黄素。叶黄素含量达20mg/kg左右，对蛋黄着色有明显影响，其效果优于苜蓿粉和蚕粪类胡萝卜素。

2. 豆粕

豆粕是大豆经提取豆油后得到的一种副产品，按照提取的方法不同，可以分为一浸豆粕和二浸豆粕两种。其中以浸提法提取豆油后的副产品为一浸豆粕，而以先压榨取油，再经浸提取油后所得的副产品为二浸豆粕。按照国家标准，豆粕分为3个等级，一级豆粕、二级豆粕和三级豆粕。豆粕一般呈不规则碎片状，颜色为浅黄色至浅褐色，具有烤大豆香味，其主要成分为蛋白质、赖氨酸、色氨酸、蛋氨酸。

豆粕粗蛋白含量高，一般在40%~50%，必需氨基酸含量高，组成合理。

赖氨酸含量在饼粕类中为最高，为2.4%~2.8%。赖氨酸与精氨酸比例约为1∶1.3，比例较为适当。若配合大量玉米和少量鱼粉，很适合家禽氨基酸营养需要。

3. 麸皮

小麦麸俗称麸皮，成分可因小麦面粉的加工要求不同而不同，一般由种皮、糊粉层、部分胚芽及少量胚乳组成。小麦加工过程可得到23%~25%小麦麸，小麦麸是我国畜禽常用的饲料原料。其粗蛋白质含量高（12.5%~17%），这一数值比整粒小麦含量还高，而且质量较好。与玉米相比，麦麸氨基酸组成较平衡，其中赖氨酸、色氨酸和苏氨酸含量均较高。由于小麦种皮中粗纤维含量较高，使麦麸中粗纤维的含量也较高（8.5%~12%），这对麦麸的能量价值稍有影响。脂肪含量为4%左右，其中不饱和脂肪酸含量高，易氧化酸败。B族维生素及维生素E含量高，维生素B_1含量达8.9mg/kg，维生素B_2达3.5mg/kg，基本可以满足蛋鸡的需要，但维生素A、维生素D含量少。矿物质含量丰富，但钙（0.13%）磷（1.18%）比例极不平衡，钙磷比为1∶8以上，磷多属植酸磷，约占75%，但含植酸酶，因此用这些饲料时要注意补钙。

4. 石粉

石粉又称石灰石粉，为白色或灰白色粉末，由优质天然石灰石粉碎而成。一般含纯钙35%以上，是动物补钙最廉价、最方便的矿物质原料。按干物质计，石灰石粉的成分与含量如下（%）：灰分96.9%、钙35.89%、氯0.03%、铁0.35%、锰0.027%、镁0.06%。除用作钙源外，石粉还广泛用作微量元素预混合饲料的稀释剂或载体。

石粉的用量依据畜禽种类及生长阶段而定，一般畜禽配合饲料中石粉使用量为0.5%~2%，蛋鸡和种鸡可达到7%~7.5%。饲料中石粉过量，会降低饲粮有机养分的消化率，还对青年鸡的肾脏有害，使泌尿系统尿酸盐过多沉积而发生炎症，甚至形成结石。蛋鸡过多摄入石粉，蛋壳上会附着一层薄薄的细粒，影响蛋的合格率，最好与有机态含钙饲料如贝壳粉按1∶1比例配合使用。

石粉作为钙的来源，其粒度以中等为好，一般蛋鸡为26~28目。对蛋鸡来讲，较粗的粒度有助于保持血液中钙的浓度，满足形成蛋壳的需要，从而增加蛋壳强度，减少蛋的破损率，但粗粒影响饲料的混合均匀度。

5. 预混料

预混料是蛋鸡配合饲料的核心成分，其品质决定了配合料的品质。预混料的成分和添加比例由全价料决定。国内大部分蛋鸡饲料采用玉米豆粕配方，预混料配方设计时，通常都以玉米—豆粕日粮作为基础。常见的蛋鸡预混料主要包括矿物质、维生素、氨基酸和色素类，添加比例为1%~5%，可根据生产需要挑选。如果鸡场使用其他饲料原料，预混料的微营养设计也要随之调整，与玉米型饲料相比，小麦型饲料的预混料配方中，除要补充色素调节蛋黄颜色、使用酶制剂改善小麦黏性外，还需要调整维生素结构、减少磷含量、使用大量的赖氨酸。如果使用杂粮型饲料，也要根据使用的杂粮种类调整预混料中氨基酸、维生素等营养素的添加量。

预混料应按照说明与其他蛋白质、矿物质等原料充分混合调制，不能直接饲喂，避免高温、高湿，以免破坏营养物质。使用时应准确称量，用量过少达不到理想效果，用量过大不仅会造成成本浪费，还有可能引起不良反应。同时，不要将一种预混料与其他品种的预混料混合使用，以免造成交叉污染，成分干扰，影响饲喂效果。突然更换预混料，会影响鸡的采食和生长。所以，使用时应逐渐增加新配制的预混料的用量，减少旧预混料用量，经6~9天过渡到完全使用新预混料。

三、设施设备与环控

（一）鸡舍建设

鸡舍建设是蛋鸡高效养殖中重要的一环，合理的鸡舍设计和施工可以为蛋鸡提供良好的生长环境，提高生产效率和经济效益。鸡舍最好选择在通风良好、光照充足、排水顺畅的地方，以确保蛋鸡的生长环境舒适。鸡舍的设计要进行合理的布局，包括合理的圈舍大小、饮水和喂料区域。笼养蛋鸡应保证鸡舍环境控制和生物安全，实现全程自动化饲养，应采用装配式钢结构；生态放养则应注意鸡舍保温、防雨等基本要求，宜利用轻质、简易材质。此外，应考虑疾病预防的要求，包括合理的隔离区域、消毒设备、有效的排泄物处理系统等，以预防和控制疾病传播。

（二）养殖设施

笼养蛋鸡宜采用自动饲喂、自动饮水、自动清粪和自动集蛋设备。自动饲喂设备包括贮料塔、螺旋式输料机、喂料机、匀料器、料槽和笼具清扫等装备。料塔和中央输料线应带有称重系统，满足鸡舍每日自动送料、喂料需求。自动饮水设备应采用乳头饮水线式自动饮水系统，包括饮水水管、饮水乳头、加药器、调压器、减压阀、反冲水线系统和智能控制系统。自动清粪设备应采用传送带式清粪系统，包括纵向、横向、斜向清粪传送带、动力和控制系统。每层笼底均应配备传送带分层清理，保证"粪不落地"。自动化集蛋系统包括集蛋带、集蛋机、中央输蛋线、蛋库和鸡蛋分级包装机等，集蛋过程应将各层鸡蛋自动传送到鸡笼头架，进而通过中央集蛋线将鸡蛋从鸡舍集中传送到蛋库进行后续包装。

（三）环控设备

立体养殖应采用全密闭式鸡舍，通过鸡舍风机、湿帘、通风小窗和导流板等环控设备实现自动调控。设施的位置、通风和散热设备等，需要根据当地气候条件在鸡舍中采取相应的保温和隔热措施，做到夏季减少热应激，冬季保持温度适宜。还需要安装适当的通风、降温、除尘、除臭等设施，确保舍内环境适宜。高温空气通过湿帘降温经导流板导流后进入鸡舍，保证舍内温度处于适宜范围。湿帘质量应符合标准NY/T 1967—2010《纸质湿帘性能测试方法》。寒冷气候则根据鸡舍内部CO_2和温度等环境参数进行最小通风，在保障舍内空气环境质量的同时减少舍内热量损失，最终满足寒冷气候且不加温条件下鸡舍温度的控制。有条件的鸡场可采用智能环控设备，依据鸡舍空间大小和笼具分布布置温湿度、风速、NH_3、CO_2等环境传感器，依据智能环控器分析舍内环境参数，自动调控侧墙小窗、导流板、风机和湿帘等环控设备的开启和关闭，实现鸡舍内环境智能调控。

四、饲养管理

（一）蛋鸡饲养方式

1. 笼养

按鸡笼重叠方式不同，可分为阶梯笼养和叠层笼养两类；按饲养的层数不同一般可分为3层、4层、8层笼养。笼养方式在蛋鸡产业中被广泛应用。

（1）阶梯笼养。3层阶梯笼多用于种鸡和商品蛋鸡的饲养，也可应用于后备蛋鸡的饲养。4层阶梯笼则常用于后备蛋鸡的饲养。阶梯笼养的优点是单位面积饲养量较高，劳动强度小；便于小群精细饲养，并特别方便免疫、称重等操作，上市时抓鸡也较方便，便于强弱分群，也便于鸡群同时采食，鸡生

长发育整齐性较好。缺点是固定资产（鸡笼）一次性投资较大；上下层之间的温度、光照强度等环境差异较大。

（2）叠层笼养。蛋鸡叠层养殖是指具有一定蛋鸡饲养规模、采用立体生产系统的设施养殖模式（4~12层叠层笼养），与传统平养、阶梯笼养相比，主要有以下特点：单位面积饲养量大，每平方米饲养30~90只，节约土地面积可达30%以上，单位面积产出效率提高2倍以上；劳动效率高，人均蛋鸡饲养量可达3万~5万只，单栋饲养量可达5万~20万只，人均劳动生产率提高3倍以上；自动化程度高，采用密闭式设施养殖，蛋鸡舍内环境可控，能够实现自动饲喂、清粪、集蛋等饲养流程。为加快蛋鸡立体养殖模式推广应用，现提出如下技术指导意见，供行业参考。

2. 平养方式

这类饲养方式又可细分为地面平养和网（栅条）上平养两种。

（1）地面平养。这种饲养方式是在鸡舍地面上铺一层约20cm厚的垫草，垫草可用铡碎的稻草、麦秸、玉米秸等，鸡在垫草上面生活。在蛋鸡养殖中，这种饲养方式一般用于后备鸡的饲养，如果在鸡舍内架设产蛋窝，也可用于产蛋鸡或种鸡的饲养。此外，林下养殖也属于地面平养，早晚补充饲料，白天只供应饮水，鸡群在野外自行觅食。这种饲养工艺的优点是投资较少，设备简单，固定资产投资少，有利于提高蛋鸡体质和高品质的绿色蛋品生产。缺点是单位面积饲养量和劳动效率低，劳动强度大；鸡与鸡粪直接接触，易感染传染病，特别是球虫病；群体过大，易受惊吓，管理困难；在野外饲养，被野生动物伤害的可能性较大。

（2）网（栅条）上平养。这种饲养方式是在鸡舍内铺上专用的点焊网或栅条，鸡在网（栅条）上面生活。在蛋鸡养殖中，这种饲养方式一般用于蛋用后备鸡及蛋种鸡的饲养，也可用于商品蛋鸡饲养。相对于地面平养，这种饲养方式的优点是鸡不与鸡粪直接接触，对传染病的控制，特别是球虫病的控制作用大；鸡的生活环境相对干燥，对黄曲霉菌病的控制有较大的作用；鸡舍内便于分隔成小间，进行小群精细饲养，便于控制鸡群生长发育的整齐度。缺点是网及网架、栅条板和隔网的投资较大；单位面积饲养量和劳动效率低，免疫、断喙、抽样称重等饲养管理工作难度较大，劳动强度大。

（二）育雏、育成期管理

雏鸡到达养殖场后，首先应该饮水。有些雏鸡会有脱水和能量供应不足现象，可在饮水中加入电解多维、葡萄糖等，便于抗运输应激和补充能量，同时促进卵黄的吸收。入雏的前3天内需要24h不间断开灯，以便满足育雏需求，3日龄后光照时间逐渐下降到18h，以后每周下降1~2h，直到换为自然光照。雏鸡鸡舍温度应该调控在34~36℃，以后每周下降2~3℃，直至温度为25~26℃时即可。7日龄以内的雏鸡，鸡舍湿度一般调控在70%左右，1周后相对湿度可调控在65%~75%。另外，还应该做好鸡舍的通风换气工作，及时将高温高湿气体排出。在整个育雏期间，需要做好定期的称重处理，保证体况达到标准。

育雏后鸡群就进入育成期，转群日要避开大风降温、雨雪等天气，转群时需要轻拿轻放，避免应激。育成期的鸡必须注重环境卫生，坚持每日消毒，饲养环境尽量稳定。鸡群从育雏舍转入育成舍时应注意育成舍温度在转群前要提前升温，尤其是冬季，否则很容易导致鸡环境应激，建议育雏舍和育成舍温度差不超过4℃。育成期间要定期检查体重，体重和均匀度是该期的重要考察指标，每次随机选取100~200只鸡逐只称重，通过数据判断体重是否达标，均匀度的误差值一定要小，理想的均匀度值要在90%以上，均匀度差的鸡在进入产蛋期后生产性能会较差。

（三）蛋鸡产蛋期饲养管理

1. 环境控制

蛋鸡在进入鸡舍前，必须对鸡舍进行严格、全面、彻底消毒，并要保证13~23℃的温度、60%~70%的相对湿度、每笼3~4只的饲养密度（平养时6~7只/m²）、3~5W/m²的光照强度、16h的光照时间（18周龄转群后第1周仍维持育成后期的光照时间。从19周龄开始，如果鸡群体重达到标准，每周增加光照时间15~30min，直到每天的光照时间达到16h后恒定不变。

2. 适时转群

蛋鸡入笼工作最好在18周龄前完成。在转群前做好鸡舍及设备检修、消毒工作。转群前让鸡停食半日，但要供给充足的新鲜饮水。转群宜在天气晴朗时进行，冬季可在暖和的中午进行，夏季在凉爽的早晨进行。入笼时，要按鸡的大小、强弱分笼，并做到轻抓、轻放。同时，将病弱的鸡淘汰。为避免过大的应激，在转群前、后应投放电解多维等抗应激药。上笼后，立即让鸡喝水、吃料。

3. 注意营养

提高蛋白质水平。在产蛋率达到80%时，应喂给蛋鸡蛋白质含量为18%

的日粮，以后产蛋率每提高10%，日粮中的蛋白质水平应相应提高1%左右，当产蛋率开始下降时，使用的日粮蛋白质水平也要延迟1周再降低，以使产蛋率下降的速度减缓，产蛋高峰期延长。

补充钙、磷和维生素。在鸡群进入产蛋高峰期时，即产蛋率大于80%时，应及时用碳酸钙、贝壳粉、蛋壳粉、磷酸钙或其他钙源，在每天的12~18点单独补钙，使其比例达到3.5%~4.0%。额外补充1~2倍的维生素D，能够很好地解决钙的吸收问题，有效改善蛋壳质量。补磷要以保持饲料中1∶5~1∶6的磷钙比例为前提。维生素的补充一般是在日粮中添加0.01%的多种维生素和维生素A、维生素D、氯化胆碱、微量元素以及生长素各0.1%。

4. 前期管理

鸡进入17~18周龄时卵巢基本发育成熟，体重还在持续地增长，对钙的需求量在增大，所以应适时地更换产蛋前期的饲料，更换晚了可能会出现软皮蛋和瘫痪等现象。光照也要适时延长：6~20周，8h；21周，9h；22周，10h；23周，12h；24周，14h；25~26周，16h；27~40周，16h。产蛋前期是最重要的时期，需要消耗机体的大部分体力，需要增加体重500g左右。生殖器官生长发育成熟，对环境的变化要求非常敏感。

5. 高峰期管理

产蛋高峰期是鸡群产出回报率最高的阶段，也是鸡群产蛋期最为脆弱的阶段。在商品蛋鸡的整个生产周期内，即使育雏、育成期以及产蛋高峰期前后的饲养管理做得好，但如果产蛋高峰期饲养管理不善，则产蛋高峰维持的时间短，啄肛、软骨病等时有发生，会严重影响蛋鸡的养殖效益。

五、质量安全控制

质量安全控制主要为投入品控制，包含饮水、饲料和其他投入品，须严格把控，确保投入品合格、安全。

（一）饮水

应保证鸡只充足饮水，注意饮水质量，定期清理饮水器、饮水管线等，饮水水质应达到标准NY 5027—2008《无公害食品　畜禽饮用水水质》规定，定期对饮水水源质量进行检测，保证水质符合标准要求。

1. 水源控制

保障合格的水源是保证饮水质量的基础，也是解决饮水质量不合格的首要措施。一般选择自来水或深井水，尽量避免采用山塘水或其他地表水，并保证供水量充足。饮水细菌超标造成鸡群出现腹泻症状的种鸡场，可适时在饮水中添加消毒剂，一般每月使用2~3次。

2. 管线清洗

对鸡舍内的饮水管线进行定期清洗和消毒，根据水质状况冲洗饮水管线，每次饮水给药后也要及时清洗，为增加工作的便利性和减少员工劳动强度，建议种鸡场安装半自动冲水管装置。

（二）饲料

饲料是鸡蛋生产的主要投入品，饲料的质量安全会影响蛋鸡的健康状况和鸡蛋的质量安全。饲料是众多病原菌、病毒及毒素的重要传播来源，药物残留和重金属残留超标的饲料会造成鸡蛋的药物残留和重金属污染，霉变饲料会造成鸡蛋的霉菌毒素污染。如果不确保饲料品质的安全，就无法保证蛋鸡生产的安全。

1. 营养均衡

针对蛋鸡不同品种和不同生长阶段，提供的饲料应给予足够的能量和各种营养物质。蛋鸡为维持生命而进行的各种代谢活动、生长发育及生产鸡蛋，需要从饲料中摄取蛋白质、矿物质、维生素和水等营养物质以及足够的能量。饲料营养物质含量不平衡、浓度低、消化利用率不高等问题，不仅会造成鸡群生产性能差、蛋重低、生产成本的浪费，而且会影响鸡只对疾病的抵抗力，引发各种营养代谢病、营养缺乏症和传染病等。

2. 质量控制

使用的商品饲料必须是有资质的生产厂家生产的饲料产品，并按照产品使用说明和注意事项使用饲料。自配饲料使用的饲料原料和饲料添加剂必须是农业农村部公布的允许使用的饲料原料和饲料添加剂，且适用范围符合饲料原料和饲料添加剂品种目录要求，遵守饲料添加剂安全使用规范。

3. 添加剂选择

使用药物添加剂要严格执行《药物饲料添加剂使用规范》和《药物饲料添加剂品种目录》，规范允许之外的药物品种一律不得添加到饲料中使用。此外，要严格遵守禁药期和休药期规定。鼓励使用微生态制剂、植物提取物、酸化剂等一些绿色添加剂。

4. 预混料选用

购买预混料时，应首选正规厂家产品，并仔细验看其包装是否规范、标

签内容是否完整。标签应注明如下信息：产品名称、适用阶段、原料构成、产品成分名称及含量、推荐配方、生产日期、保质期、执行标准、批准文号、生产企业名称、地址、电话等。还要对产品质量作感官判定，合格的预混料应粒度大小基本一致，色泽均一，无异味、霉变、吸湿及结块等现象。饲料添加剂是能够优化饲料的营养成分，可对蛋鸡的生长发育和生产性能起到积极作用。常见的饲料添加剂有维生素类、矿物质类、酸化剂类、抗氧化剂类、酶制剂类等。在选择饲料添加剂时，应该考虑以下3个方面：添加剂的种类和用量应该根据蛋鸡的生长发育阶段和生产性能进行选择；选择的添加剂应该是通过科学研究证明对蛋鸡生长和生产有益的，且符合相关法律法规的安全标准；添加剂的添加方法和时间应该根据其特性进行调整，以确保其添加效果

5. 饲料贮藏管理

饲料贮藏时应选择干燥通风的场所，要尽量卫生干净，并经常进行检查（如夏季多雨季节），防止受潮霉变。注意掌握预混料的贮藏时间和条件，保持其新鲜。未开袋的预混料要存放在通风、阴凉、干燥处，避免靠墙挨地，并且要分类储存；开袋后应尽快用完，切勿长时存放。维生素的复合预混料储存期最好不超过1个月，使用期间应注意密封，避免潮湿，否则会导致有效成分含量降低。尤其是夏季，高温高湿天气较多，强降雨易发，养殖场更要加强饲料存储的日常检查。

6. 饲料应分类存放，以免误用

严禁将饲料、消毒药、灭鼠药、灭蝇药或其他化学药物堆放在一起。蛋鸡产蛋期饲料不应含药物，育雏、育成期饲料一般都含有药物饲料添加剂，因此蛋鸡各个时期的饲料不可混放在一起，以免误用而造成鸡蛋药物残留。

（三）兽药

1. 兽药品种

在对动物进行预防、诊断和治疗疾病时，选用的兽药需来源于《中华人民共和国兽药典》等国家标准、行业标准和农业农村部有关文件，并结合使用情况，优先选择药效好、毒性小的药物。

2. 育雏期和育成期用药

根据蛋鸡的饲养特点，用药主要在育雏期和育成期，分为治疗用药和预防用药。治疗用药须凭兽医处方购买，在兽医指导下正确使用，以防误用和

滥用药物产生不良后果。

3. 产蛋期用药

产蛋期用药容易导致鸡蛋药物残留超标，正常情况下产蛋阶段禁止使用任何药物，包括中草药和抗菌素。绝大多数药物都禁止在产蛋期使用，且要严格遵守弃蛋期规定，弃蛋期内所产蛋品不得供人类食用。

4. 建立并保存预防和治疗记录

预防和治疗记录包括发病时间及症状、预防和治疗用药的经过、时间、疗程、所用药物的商品名称及主要成分等。

第二章
营养的宝藏：功能性蛋品

一、功能性鸡蛋发展概况

（一）功能性鸡蛋的概念

鸡蛋作为孕育生命的个体，营养丰富且均衡，氨基酸结构与人体需求最为相近；此外，鸡蛋蛋黄为各类脂溶性营养成分的沉积提供了良好的环境与条件，而且在蛋黄的保护下，各类营养物质更容易被人体吸收利用。因此，鸡蛋是功能性营养物质富集的最佳载体。

功能性鸡蛋是指具有特定营养功能，适宜于特定人群食用，且具有调节人体生理机能的营养强化鸡蛋。功能性鸡蛋是应市场所需而诞生的特殊鸡蛋品类，按照功能因子不同，功能性鸡蛋主要可以分为富含不饱和脂肪酸、维生素、矿物质和中药等种类。目前常见的功能性鸡蛋包括叶酸鸡蛋、富硒鸡蛋、富铁蛋、叶黄素蛋、DHA蛋等。

用天然的功能性添加剂饲喂蛋鸡，不仅使鸡生长得更健康，而且产的鸡蛋蛋黄大、色泽黄、蛋白稠、无腥味，同时，鸡蛋中还富集了大量对人体有益的天然功能性营养物质，如虾青素鸡蛋富含的天然卵质虾青素，具有强大的抗氧化功能，富硒鸡蛋可以提高人体免疫力，ω-3鸡蛋则具有降脂和滋养神经系统的功效。更重要的是，鸡蛋作为天然营养物质的绝佳载体，适口性更好、吸收率更高。

（二）功能性鸡蛋的兴起

改善膳食条件，发挥食物本身的生理调节功能是提高人类健康水平的重要手段之一。日本厚生省做过一个关于健康食品消费与医疗费用支出关系的分析，结果显示二者存在消长关系。随着居民健康、保健食品消费的增加，医疗费用呈下降趋势。根据国际经验，一个国家人均GDP达到1000~3000美元，人们就开始注重自身营养健康问题，同时带动功能农产品、营养农产品产业的发展，这在欧美发达国家已经得到很好的验证。美国从1980年开始实施"健康人民"计划，目前进行到第5个阶段。调查资料显示，美国婴儿潮一代、X一代、千禧一代，三大不同年代人群在饮食中普遍增加功能成分，无论是老年人、中年人还是年轻一代都达到了比较高的比例。例如，有63%以上人群增加膳食纤维素、55%以上人群增加蛋白质、54%以上人群增加维生素D、43%以上人群增加ω-3的摄入。据NBJ（Nutrition Business Journal）数据，2022年全球膳食营养补充剂(相当于我国的保健食品)的销售额为1761.7亿美元；其中，免疫健康、胃肠道健康、心血管健康类产品为最主要的营养补充剂。北美占据着膳食补充剂市场的主导份额，2023年美国膳食补充剂市场规模为667.5亿美元，预计2032年将翻一番；加拿大对营养健康产品的审核及认证极其严格，拥有几乎等同于药品的"NPN（Natural Product Number）认证"。此外，根据日本国家统计局统计年鉴显示，日本功能性食品市场销售额平均年增长率为16.5%。

随着我国社会经济的发展，居民膳食结构正在向"富裕型"膳食结构方向转变。城市居民的疾病模式由原来以急性传染病和寄生虫病居首位转变为以肿瘤和心脑血管疾病为主，而膳食结构变化是影响疾病模式的因素之一。均衡饮食和营养健康的生活理念成为社会潮流，通过合理营养饮食预防疾病、降低药物副作用、减少医疗支出，成为人们的共识。居民膳食和消费结构的改变，必将推动农业生产方式的转变，实现农业转方式、调结构、促发展，为农业发展提供新动能。

早在2008年，中国科学院在《中国至2050年农业科技发展路线图》中首次提出了功能农业的概念。农业也将从"高产农业"和"绿色农业"阶段发展到"功能农业"，即使农产品营养化、功能化，成为维护、提升人体健康的重要载体。农业农村部和国家卫生健康委员会牵头编制的《中国食物与营养发展纲要（2021—2035年）》以健康中国作为指引，提出了"可持续食物系统

和营养改善的总体要求、发展目标、重点任务与保障措施，健全完善符合中国特色的东方膳食结构"。2016年10月，中共中央、国务院印发《"健康中国2030"规划纲要》，首次提出"深入开展食物（农产品、食品）营养功能评价研究，全面普及膳食营养知识，发布适合不同人群特点的膳食指南，引导居民形成科学的膳食习惯，推进健康饮食文化建设。建立健全居民营养监测制度，对重点区域、重点人群实施营养干预，重点解决微量营养素缺乏、部分人群油脂等高热能食物摄入过多等问题，逐步解决居民营养不足与过剩并存问题。实施临床营养干预。"2017年中央一号文件也提出"加强现代生物和营养强化技术研究，挖掘开发具有保健功能的食品"，并将其作为农业供给侧结构性改革、加快培育农业新动能的一项重要任务。

从全面小康到全面现代化，人民对美好生活的向往已从"有没有"转向"好不好"，对农产品的需求已由"吃得饱、吃得好"向"吃得健康、吃得营养"转变，鸡蛋作为绝大多数人的生活必需品，正在引领着这股消费风潮。相比一些发达国家功能性鸡蛋10%以上的市场占比，我国功能性鸡蛋的发展刚刚起步。

（三）功能性鸡蛋的发展趋势

虽然形成了类型众多、功能特性多样的系列产品，但仍存在标准不健全、质量不稳定、市场不规范等系列问题。需从源头规范引导，保障营养强化鸡蛋产业健康发展。

1. 加强技术支撑

集聚农业、食品、医学等学科力量，对功能性营养鸡蛋的产业发展、技术创新、产品安全展开研究，建立标准规范的生产技术体系，明确不同功能性营养素鸡蛋对人体生理机能的影响，探明功能因子的化学形态、生物效价，为功能性营养鸡蛋生产和消费提供理论和技术支撑。

2. 完善行业标准

在相关技术支撑的基础上，需建立完善各类营养强化鸡蛋行业标准，并配套相关生产、储运、食用技术规范。目前，在农业农村部农产品营养标准委员会组织下，中国农业科学院北京畜牧兽医研究所、农业农村部食物与营养发展研究所等单位相继制定了《ω-3多不饱和脂肪酸强化鸡蛋》《叶酸生物营养强化鸡蛋》等部分功能性鸡蛋行业标准，进一步规范了行业发展。未来，还需开展产品认证，建立统一的标识、分级、分类制度，促进生产和消费的有机统一。

3. 加大科普宣传

鉴于国内功能性鸡蛋产业刚刚起步，公众对其了解不够，更多的是停留在概念上，需要加大宣传推介，提高公众对功能性鸡蛋的认知度和普及率。此外，针对市场上各种功能性鸡蛋产品鱼龙混杂的现象，需要政府、专家、媒体各界共同组织开展科普教育工作，并开展体验式消费展示、展览，为功能性鸡蛋正名，引导公众正确消费、科学消费、健康消费。

功能性鸡蛋产业顺应了国家大健康战略，满足了消费者对不同层次农产品的特殊需求，市场发展潜力巨大。同时，由于其高附加值、低投入属性，可作为特色产业转型升级的重要抓手，助力畜牧产业高质量发展，推动乡村振兴。未来，随着国民收入的增加和对优质农产品的迫切需求，我国鸡蛋产业将不断优化升级，功能性鸡蛋产品将不断创新迭代，从而满足各类人群对鸡蛋的个性化选择。

二、常见的功能性鸡蛋

（一）不饱和脂肪酸强化鸡蛋

1. $\omega-3$ 介绍

脂肪酸均衡是膳食营养均衡的一个主要内容。世界卫生组织和联合国粮农组织建议膳食中 $\omega-6$: $\omega-3$ 为 5 : 1~10 : 1，目前，人类日常饮食中 $\omega-6$: $\omega-3$ 过高，并呈逐年上升的趋势，2000年为10 : 1~20 : 1，2003年则为10 : 1~30 : 1。世界卫生组织提出 $\omega-6$: $\omega-3$ 应小于6 : 1，日本原生劳动省提出应小于4 : 1。然而，研究表明，现代人膳食 $\omega-6$ 与 $\omega-3$ 脂肪酸比例可达20 : 1，甚至更高，因此，有学者认为，这可能与多种慢性疾病有关，包括心血管疾病、癌症和自身免疫性疾病。调整 $\omega-6$ 与 $\omega-3$ 脂肪酸的摄入比例是优化饮食结构的重要内容，特别是在预防慢性疾病和促进整体健康方面。大量流行病资料显示，饮食中 $\omega-6$: $\omega-3$ 脂肪酸比例过高与某些疾病的高发密切相关，如冠心病、糖尿病、乳腺癌等。因此，可以通过降低膳食中 $\omega-6$: $\omega-3$ 的比例，增加 $\omega-3$ 的摄入量来减少心血管病及乳腺癌等肿瘤疾病的发生率。

$\omega-3$ 类脂肪酸具有预防人体心血管疾病、益智健脑、维持正常视觉等重要生理作用。$\omega-3$ 不饱和脂肪酸包括3种形式：二十碳五烯酸（eicosapentaenoic acid，EPA）、二十二碳六烯酸（docosahexaenoic acid，DHA）

和α-亚麻酸（alpha-linolenic acid，ALA）。在日常生活中，DHA和EPA摄取渠道非常有限，而人体自身只能将少量ALA转化为DHA和EPA，不足以维持身体健康需求。联合国粮农组织专家委员会建议成年人每人每天摄入250~2000mg的DHA和EPA；国际脂肪酸和脂类研究学会对成年人每天DHA和EPA的建议摄入总量为500mg/天。2004年，美国FDA正式宣布含有一定量ω-3的食品可以有抗心血管病的功能性标识。ω-3在美国是第二大营养补充剂。美国军队规定一名军人每天至少必须摄入2500mg以上的ω-3。加拿大政府向25~49岁的国民建议每日应摄入1500mg的ω-3。而我国居民对ω-3的摄取途径和摄取量均较少，成年人日平均摄取量远低于国际粮农组织所提出的最低摄取量（250mg）。

人类获取ω-3脂肪酸的途径主要是通过食用富含ω-3不饱和脂肪酸的食物如鱼类、亚麻籽油、核桃等。但这种资源随着环境污染问题也有一定的局限性，而功能性农产品的出现是解决这一问题的良好方法。富集ω-3鸡蛋可为人类获取ω-3不饱和脂肪酸开辟一种新的途径。

2. ω-3鸡蛋概况

ω-3鸡蛋也叫作ω-3多不饱和脂肪酸（polyunsaturated fatty acids，PUFA）强化鸡蛋，是指富含ω-3 PUFA的鸡蛋，目前，ω-3鸡蛋在北美和欧盟市场上十分常见，但在我国发展较为缓慢，研发与生产ω-3鸡蛋已成为改善膳食结构的重要手段。

ω-3鸡蛋的生产是在蛋鸡饲料中添加富含ω-3 PUFA的原料（如亚麻籽、藻油等），通过蛋鸡体内的生物转化和沉积，使ω-3 PUFA富集到鸡蛋蛋黄中，最终产生ω-3 PUFA强化鸡蛋。按照农业农村部发布的农业行业标准NY/T 4069—2021《ω-3多不饱和脂肪酸强化鸡蛋》要求，ω-3鸡蛋中ω-3 PUFA含量应超过300mg/100g鸡蛋。

尽管ω-3 PUFA强化鸡蛋的生产技术和标准已经发布，但在生产ω-3 PUFA强化鸡蛋的过程中若原料或添加剂量选择不当或控制不严，会造成蛋鸡采食量下降、出现"鱼腥味"鸡蛋以及鸡蛋货架期缩短等系列问题，对蛋鸡生产性能、鸡蛋品质和营养价值产生不利影响。

3. 国内外 ω-3 功能性鸡蛋生产状况

大量研究表明，饲料中的ω-3脂肪酸可以高效地沉积在蛋黄中，因此，鸡蛋被公认是ω-3脂肪酸的良好载体，一方面人们的膳食中往往包含有鸡蛋，另一方面鸡蛋营养价值丰富，价格便宜。早在1934年，Cruickshank等就发现通过改变饲料中脂肪酸的组成，很容易改变蛋黄中脂肪酸的构成。此后，国外富含ω-3脂肪酸功能性鸡蛋的研究成为一个热点，通过在饲料中添加鱼油、鱼粉或亚麻籽的方式可以获得ω-3鸡蛋，研究涉及鱼油种类、添加水平，鱼粉来源及添加量，亚麻籽添加量及加工工艺，蛋鸡品种，鸡蛋的风味，模拟零售环节储存条件等。有研究表明，用10%~15%的亚麻籽日粮饲喂蛋鸡，蛋黄ω-3脂肪酸的含量占总脂肪的4%~7%（以一枚55g标准质量的鸡蛋含有5g粗脂肪计，一枚鸡蛋含有200~350mg ω-3脂肪酸），且亚麻籽粉碎与否不影响脂肪酸的沉积效率，也不会损害蛋鸡的生产性能。经过大量的科学研究和产业转化，从2000年开始，大量的ω-3鸡蛋进入美国超市。

国内关于ω-3鸡蛋的研究始于20世纪90年代中期。通过整粒亚麻籽生产ω-3鸡蛋的饲养试验发现，用含15%整粒亚麻籽的饲料饲喂蛋鸡，可以获得蛋黄ω-3脂肪酸含量为2.093%的鸡蛋。总体而言，国外对ω-3鸡蛋的研究已经有近30年的历史，产业化也已经有十几年的历史，和产业化相关的研究也很多，如ω-3鸡蛋风味消费者可接受度的研究，销售环节储存条件对ω-3鸡蛋ω-3脂肪酸含量、鸡蛋品质和风味的影响，亚麻籽添加水平和粉碎与否的影响。和国外相比，国内的研究数量相对少，涉及和产业化相关的研究则几乎没有。ω-3鸡蛋目前还不为我国消费者所认知和熟悉，市场化的产品有上海展望科技有限公司的欧米伽鸡蛋、广东惠州鹏昌农业科技有限公司的多点欧米伽3鲜鸡蛋和四川圣迪乐村生态食品有限公司的我迷家OMG营养蛋等品牌，但销售量都不大，影响力较小。

4. 发展趋势

目前，蛋鸡产业已达到稳定状态，甚至出现供过于求。因此，需要尽快发展优质蛋鸡产业，推进鸡蛋产业升级，提高国际市场的竞争力，为传统产业注入发展新动能。为此，鸡蛋生产商也逐渐开始关注功能性鸡蛋，目前我国市场上有一些ω-3功能性鸡蛋的相关产品，如上海展望集团、铁骑力士集团、正大集团等的产品。但缺乏对这些产品规范和权威的营养功能评价。

鸡蛋的感官性状（香味、味道等）是决定人们重复购买的重要因素。一般认为，鱼油添加量高于1.5%，亚麻籽的添加量超过10%时，鸡蛋就会产生一种"鱼腥味"，这种"鱼腥味"可能是相对更易氧化的PUFA的氧化产物，通过添加抗氧化剂可以缓解PUFA被氧化的程度。为此，商业化生产ω-3鸡蛋时无例外地添加高水平的维生素E（例如，普通日粮是10mg/kg，则ω-3日粮则

是100mg/kg）。但是，高剂量的亚麻籽和高剂量的维生素E之间可能产生副作用。试验表明，当20%亚麻籽饲料中添加100mg/kg的维生素E时，鸡蛋的味道和总体可接受度会显著低于仅添加10mg/kg维生素E的组别。因此，尽管通过使用抗氧化剂解决了ω-3鸡蛋脂肪易氧化导致的货架期短、感官指标下降等问题，但是鸡蛋的"鱼腥味"及ω-3脂肪酸在储存过程的损失仍然是个问题。

未来可结合现代食品风味学和分子生物学技术，进一步研究确定ω-3 PUFA沉积效率的遗传机理和主效基因，培育用于生产ω-3鸡蛋的专门化品系，提高生产效率，节约生产成本；同时，可通过分子感官研究，解析腥味和其他不良风味形成原因，利用营养调控或加工烹调的方法将其降低或祛除。此外，还可继续研究可添加抗氧化剂的种类和剂量，以期能更好地延长ω-3 PUFA强化鸡蛋的储存时间。

（二）营养素强化鸡蛋

鸡蛋中的微量元素和维生素可因饲料中含量的改变而在一定范围内变化。在研制微量元素功能营养蛋的方法上，国外学者采用的高新技术主要包括：通过遗传选择的方法获得生产高微量元素功能营养蛋的优良蛋鸡；采用外源性营养调控的方法，促进微量元素在蛋中的沉积；采用药物处理的方法，如日本大阪大学牙学院用氟生产预防龋齿的鸡蛋。

1. 富钙类功能性鸡蛋

钙是人体内含量最多的一种无机盐，是一种凝血因子，大部分分布在骨骼肌血液中，有极少部分存在于血管内皮细胞内，钙可以维持骨骼形态和硬度，维持体内环境的平衡，钙对于人体骨骼的正常生长和发育起着重要的作用。钙除作为骨骼和牙齿的组成部分外，对维持人体肌肉和神经的正常活动也起到了重要的作用，维持的神经和肌肉活动包括神经肌肉的兴奋、神经冲动的传导、心脏的正常搏动等，在细胞生长、基因转录、细胞代谢、维持细胞膜的稳定中都起到了重要的作用。当体内钙缺乏时会导致患者出现骨质疏松、四肢无力、腰酸背痛等症状。钙的摄入不足、吸收不良、消耗过多或代谢紊乱等原因，都会导致维持人体正常生理功能所需的钙缺乏。

2. 富铁类功能性鸡蛋

铁是人体重要的必需微量元素，是活体组织的组成成分。铁元素在血红蛋白以及骨髓中占有重要的份额，大约70%的铁元素存在于血红蛋白中，3%存在于肌红蛋白中，还有15%是储存铁。铁元素具有重要的的生理功能。一是维持正常的造血功能，机体中的铁大多存在于红细胞中，铁元素可与机体蛋白合成血红蛋白，缺铁可影响血红蛋白的合成。二是参与体内氧的运送和组织呼吸过程，铁是血红蛋白、肌红蛋白、细胞色素、细胞色素氧化酶及触媒（铁的氧化物，起催化作用）的组成成分，血红蛋白可与氧发生可逆性的结合，参与机体内氧的交换及组织呼吸。三是参与其他重要功能，铁参与维持正常的免疫功能，另外，铁可参与抗脂质过氧化和肝脏解毒等生物过程。

用添加0.5%的硫酸亚铁或525mg/kg的铁代蛋氨酸的饲料饲喂蛋鸡，经大约7天沉积后便可生产出富铁蛋，富铁蛋中含铁量可达1500~2000μg/枚，比普通鸡蛋（800~1000μg/枚）高0.5~1.0倍。食用富铁蛋可防治缺铁性贫血症，并对失血过多患者有滋补作用。

3. 富锌类功能性鸡蛋

锌是人体必需的一种微量元素，在人体中的含量仅次于铁。锌在人体生长发育、免疫调节、维生素的利用等起着极其重要的作用，缺锌会影响人体的正常生长发育，锌在人体内的功效和作用也是多种多样的，主要可以提高人体的免疫力，促进伤口的愈合，预防伤口出现感染；同时，可以促进机体发育，维持大脑发育；此外，还可以促进维生素A的吸收。

所谓富锌鸡蛋，是指除有鸡蛋固有的营养味美之外，还富含较高的具有调节人体生理功能的锌元素鸡蛋，其含锌量比普通鸡蛋（780μg/枚）高2~2.5倍（2000μg/枚以上）。它既具有营养丰富、美味可口、无毒无副作用的特点，又具有重要的生理调节功能。富锌鸡蛋的生产方法主要是通过在鸡的基础饲料中添加一种含无机锌的特殊饲料添加剂喂养产蛋母鸡，通过鸡体的消化吸收等一系列生物过程，将无机锌与脂蛋白、氨基酸结合成为有机锌的络合物沉积到鸡蛋中。

目前生产高锌蛋的锌制剂主要是氧化锌和硫酸锌。添加的方法为将锌制剂粉末以分级扩大的办法混匀在基础日粮中，也可以是将锌制剂配成水溶液再倒入饲料干粉内。饲喂20天后，即可产出富锌蛋。据报道，添加1%的锌盐，20天后蛋鸡可以产出较普通蛋高15倍的富锌蛋。

4. 富硒类功能性鸡蛋

（1）概况。硒作为机体所必需的14种微量元素之一，是一些重要抗氧化酶和含硒蛋白的重要组成部分，具有抗氧化、抗应激、提高机体免疫力等生物学功能，在生产、生育、疾病预防、生理功能调节等方面发挥着重要作用。饲料中加入硒，可提高蛋鸡的免疫力、鸡蛋中硒的含量，增加其保健功能。

（2）硒在畜禽产品中的形态和功能。硒主要有3种来源，即无机硒、有机硒和生物活性硒。其中，无机硒主要是亚硒酸钠，有机硒主要为硒酵母或硒代蛋氨酸，生物活性硒是经微生物和昆虫双重转化的一种新型有机硒。无机硒毒性大，动物需要量与中毒剂量差距较小，从饲料转移到鸡蛋的效率较低。与无机硒相比，有机硒和生物活性硒具有较高的抗氧化活性、生物利用率和沉积效率，且硒的结构和形态更符合畜禽和人体结构，因此更容易被机体吸收和利用。硒在人体中的形态主要有甲基硒代半胱氨酸、硒代胱氨酸和硒代蛋氨酸等十多种。

与无机硒相比，有机硒毒性小，对蛋鸡生产性能和蛋品质影响不显著，但可显著提高蛋鸡血清及肝脏的抗氧化酶活性，且有利于硒在蛋鸡组织中的沉积。尽管产蛋鸡被视为生物利用率和沉积研究的理想动物模型，但过量摄入硒可引起机体氧化损伤，甚至导致硒中毒。而李静等的研究表明，饲粮中添加0.5mg/kg酵母硒可显著降低日采食量及料蛋比，饲粮中添加0.8%~1.0%的生物活性硒可提高蛋鸡的产蛋率，其原因可能是生物活性硒可调节蛋鸡机体的硒代谢，致使促性腺激素释放，进而提高产蛋率。动物的生殖功能发挥依赖于激素的调控，饲粮中添加0.2mg/kg的硒即可有效调节生殖腺的分泌活动，显著提高血清中促卵泡激素释放激素、促黄体素及黄体酮的含量。可见，饲粮中添加适量硒可有效提高产蛋率。

（3）硒在畜禽产品中的沉积规律。关于硒在鸡蛋中的沉积，国内外学者开展了不同硒源在不同蛋鸡品种中的富集规律和富集效率的研究，结果显示：低浓度有机硒和无机硒可缓慢提高鸡蛋中硒含量，而高浓度有机硒可快速提高鸡蛋中硒含量，且3~14天即可显著升高，28天左右鸡蛋中硒含量基本稳定；生物活性硒较传统有机硒转化吸收效率更高。由于商品蛋鸡品种众多，不同硒源硒含量差异较大，且蛋鸡产蛋期较长，因此，还需开展不同品种的全程试验，制定不同品种和不同产蛋期生产技术规范，从而满足富硒鸡蛋生产的需求。

（4）富硒鸡蛋。富硒鸡蛋已成为功能性畜禽产品中的重要组成部分。目前，富硒鸡蛋生产无国家和行业标准，大都执行的是地方标准或团体标准。通常认为硒的含量应在0.15mg/kg以上，换算成常用的补硒单位，富硒鸡蛋中硒含量为15~50μg/100g，一般一个鸡蛋重约60g，其含硒量为12~30μg，而普通鸡蛋为4~12μg/枚。此外，富硒鸡蛋生产还必须满足相关技术要求。例如，鸡蛋必须来源于健康的鸡群，必须按照规定的生产流程进行生产等。

NRC（1998）推荐蛋鸡日粮硒用量是0.10~0.15mg/kg，饲料中添加硒酸钠或亚硒酸钠0.5mg/kg、硒酵母（10mg/kg饲料）或其他种类生物活性硒，连续饲喂14天后即可得到富硒蛋，须要注意，饲料中硒浓度不能超过2mg/kg，以免对产蛋性能造成不利影响或引起蛋鸡中毒。

5. 富碘类功能性鸡蛋

碘是人体必需的微量元素之一，根据世界卫生组织（WHO）的估计，全世界大约有20亿人患有碘缺乏症，碘盐是目前预防碘缺乏症最为普遍的措施，富碘蛋同样也可以作为预防措施。

碘蛋中的碘不以无机碘的形态呈现，而是以有机碘的形式存在。鸡蛋内的有机碘元素大部分以碘化氨基酸和卵磷脂碘的形式沉积于蛋黄中。碘可促进人体新陈代谢，提高脂蛋白的活性，改善脂质代谢，降低血液中胆固醇含量；同时增强机体抗病力和免疫力，维持甲状腺正常机能，促进胰岛素分泌，从而降低血糖。

碘蛋最早的研究始于1930年，日本的佐佐本、原等在产蛋鸡的基础饲料中加入0.1%碘化钾或0.16%的碘化硬脂酸，饲喂添加碘的饲料3~4天后，鸡蛋蛋白中的含碘量由原来的0.000834%增加到0.011%~0.015%，蛋黄中的含碘量由原来的0.000508%提高到0.02%~0.022%。20世纪60年代，日本开始用海藻喂鸡生产富碘蛋，大多在鸡饲料中添加2%~10%的海带提取物作为加碘日粮，所产碘蛋每100g蛋黄中含碘量达到2.1~5.8mg。我国从1985年开始研制生产富碘蛋，辽宁、山东、北京等地均有生产碘蛋的养殖场，大多数采用碘酸钾或碘酸钙作为添加剂，北京市种禽公司1993年在蛋鸡饲料中添加150mg/kg饲料碘酸钙，可使每枚蛋的含碘量在1mg以上，且全蛋胆固醇下降20%~30%；同时提高蛋鸡的生产性能和种蛋受精率。

6. 叶酸强化鸡蛋

叶酸（维生素B$_9$）是人体必需的微量营养元素，孕妇摄入不足容易导致贫血、胎儿神经系统缺陷等疾病，老年人缺乏叶酸可增加心脑血管疾病风险，青少年缺乏容易引发发育迟缓。叶酸缺乏是全球性问题，全球50余个国家实施了叶酸强化政策，我国居民叶酸平均摄入量为180μg/天，远低于国家卫健委推荐摄入量400μg/天。

叶酸强化鸡蛋是通过增加饲料中叶酸含量，经鸡蛋转化生产，使鸡蛋中叶酸含量≥120μg/100g，比普通鸡蛋中叶酸含量高3~4倍。通过食用叶酸强化

鸡蛋补充叶酸是一种很好的选择，因为鸡蛋中的叶酸在人体的吸收率高、安全有保证，一枚叶酸强化鸡蛋可以补充"鸡蛋+叶酸"两份营养，每枚叶酸强化鸡蛋中蕴藏着人体不可缺少的8种必需氨基酸及22种维生素和矿物质，在其协同作用下，为人体健康提供保障。

叶酸强化鸡蛋的生产要点包括饲粮选择、饲喂要求和鸡蛋收集。首先，应选择叶酸强化饲粮，饲料中叶酸含量应不低于2.5mg/kg、不宜高于10mg/kg，其他营养成分应符合不同品种和生理阶段蛋鸡的营养需求，且叶酸强化饲料应现用现配。其次，宜选择产蛋高峰期蛋鸡生产叶酸强化鸡蛋，开始更换叶酸强化饲料时应逐渐过渡进行，以防对蛋鸡造成应激反应。最后，普通饲料逐渐转换为叶酸强化饲料后，需连续饲喂21天才可将鸡蛋作为叶酸强化鸡蛋进行收集；叶酸强化饲料逐渐替换为普通饲料连续饲喂2天后，不宜将产出鸡蛋作为叶酸强化鸡蛋。

2023年发布的农业行业标准NY/T 4329—2023《叶酸生物营养强化鸡蛋生产技术规程》和NY/T 4342—2023《叶酸生物营养强化鸡蛋》，规范了叶酸营养强化鸡蛋的生产，明确了市场准入。两项标准的发布实施，对完善维生素强化鸡蛋（叶酸鸡蛋）标准体系，促进我国鸡蛋产品优质化、差异化、品牌化具有重要意义。

7. 叶黄素强化鸡蛋

叶黄素作为一种类胡萝卜素，属于维生素A的前体物质，是维持人体生理功能的重要营养物质，人体不能自身合成叶黄素，必须通过外界食物获取。研究表明，鸡蛋中的叶黄素比植物中叶黄素在人体中的利用率高1倍左右，叶黄素可以促进大脑视网膜的发育，缓解眼疲劳，延缓眼睛老化。通过在蛋鸡饲粮中添加富含叶黄素的原料是在鸡蛋中富集叶黄素最主要的方式，常见原料包括叶黄素提取物（万寿菊提取物、菠菜提取物等）、小球藻、玉米蛋白粉等；然而，不同饲料原料的叶黄素富集效率也有所差别。

目前，国内正大集团、铁骑力士集团等蛋品企业可生产叶黄素强化鸡蛋，然而，对于生产过程中饲料原料选择、饲粮配制、饲养要求等重要环节仍缺乏相关技术规范。当前国内外有一些叶黄素食物的标准，但都是加工食品方面，比如FAO/WHO食品添加剂联合专家委员会规定蛋制品中液蛋、冷冻蛋或蛋干粉中叶黄素最高添加4mg/kg，我国的GB 14880《食品营养强化剂使用标准》规定调制乳粉中叶黄素含量为0.162~0.27mg/100g，目前国内外尚无叶黄素富集方面的技术标准。

当前市面上的叶黄素强化鸡蛋大都是选择优质万寿菊提取物为叶黄素强化饲料添加剂，科学调配蛋鸡日粮，饲喂2周以上，每百克叶黄素强化鸡蛋叶黄素含量≥1600μg。未来，随着叶黄素鸡蛋生产技术的进步和产品的大范围推广，有必要制定相应的标准来进一步规范叶黄素强化鸡蛋行业。

8. 虾青素强化鸡蛋

虾青素又名虾黄质、龙虾壳色素，是一种类胡萝卜素，也是类胡萝卜素合成的最高级别产物。天然虾青素（100%左旋）是世界上已知的强天然抗氧化剂之一，天然虾青素同时也是唯一能通过血脑屏障的一种类胡萝卜素，对大脑、中枢神经系统及双眼均可起到保护作用。自2008年以来，国内外大量研究证实虾青素具有较强的抗氧化活性，在提高免疫力，预防肿瘤、心血管疾病、糖尿病等慢性疾病的发生发展，延缓衰老等方面具有积极的促进作用。

天然虾青素已取得美国食品与药物管理局（FDA）一般性安全认证（GRAS），可合法进入食品与膳食补充剂市场。在我国，天然藻源虾青素提取物也已被国家卫生部［卫食新试字（2007）第0011号］列为新食品资源。天然虾青素在欧美、东南亚等地已经得到广泛应用，全球的保健品企业推出了200多款虾青素软、硬胶囊，口服液等保健食品。尤其是在韩国，虾青素成为韩国最火爆的健康产品。

虾青素强化鸡蛋是通过运用生物富集技术将雨生红球藻中的天然虾青素转化到鸡蛋蛋黄中，使天然虾青素包裹上一层卵磷脂结构，这样不仅可保证虾青素的活性，而且大幅提高了虾青素在人体的吸收利用效率。目前已有一些企业生产虾青素强化鸡蛋，大多数虾青素强化鸡蛋的虾青素含量在3mg/100g以上。

未来，随着行业的发展，需要尽快建立天然虾青素营养强化蛋生产技术规范，包括对天然虾青素营养强化蛋饲料原料的选择、天然虾青素营养强化蛋饲料配制技术、饲料原料中天然虾青素源推荐添加量的确定、养殖技术要求（包括功能性饲料的饲喂时间、饲喂方式、鸡蛋收集等）、养殖环境要求等，从而保障行业健康发展。

（三）功能性鸡蛋未来发展要点

1. 建立并完善功能性鸡蛋相关标准

目前，已制定ω-3功能性鸡蛋、叶酸强化鸡蛋等部分标准，也有一些知

名企业生产其他功能性鸡蛋，主要有如正大、德清源、圣迪乐村、上海展望、广东鹏昌等品牌，但仍然缺少相关配套的标识，造成了消费者的困扰。除标识标准外，生产、管理、储运等相关系列标准均需要开展研究，规范整个功能性鸡蛋市场，同时与国际先进标准接轨，增加国际市场竞争能力。

2. 持续关注配套技术问题

功能性鸡蛋在我国仍处于起步阶段，目前国内已经有一些关于不同功能性营养素在鸡蛋中的富集研究，但对于富集鸡种的选择、富集量的保持以及脂肪酸氧化等问题仍需要解决。除生产外，货架期也是影响鸡蛋品质的一个重要因素，如何延长货架期、保持品质及口感成为这个问题的关键。当前研究较多的抗氧化剂是维生素E，有必要研究其他抗氧化性更强的物质，从而丰富添加抗氧化剂的种类。同时，为了避免蛋黄颜色变浅或鱼腥味等其他不良风味的影响，一方面应注意功能性添加剂原料的选择，尽量避免造成蛋黄颜色下降和"鱼腥味"的发生，另一方面在不影响蛋鸡经济性状和满足标准要求的功能性成分含量的前提下，利用饲料加工技术和营养素协同理论，提高功能性因子的富集效率，降低添加比例。

3. 消费引导和营养评价

ω-3脂肪酸、硒、虾青素等已被证明具有抗氧化、延缓衰老等多重功效，对人体生理机能起到一定的调节作用，然而，由于部分宣传过于夸大，且相关人员缺乏理论基础和科普知识，造成普通消费者对功能性鸡蛋真实性和功能性的多重误解。

因此要加强对功能性鸡蛋的科普宣传，使其为大众健康起到积极的保护作用。向消费者普及功能农产品知识、引导消费者了解和消费功能鸡蛋将是一个重要的课题。一般来说，鸡蛋只是人们摄取的众多食物之一，人体所需的全部营养不可能完全通过摄食鸡蛋来补充，因此，不能根据人体对ω-3或硒等功能性营养素的需求推算每天摄食几枚鸡蛋，对绝大多数人来说，功能性鸡蛋起到的作用更多的是营养强化或营养升级。

此外，如何食用功能性鸡蛋才能保持其最大营养化成为消费者关注的问题，也是科研人员需要解决的问题之一。尽管大部分功能性成分的功效性已经较为明确，但以鸡蛋为载体是否能发挥其最大作用，对不同年龄层人群、不同健康状态人群的功效如何是需要解决的另一问题。

三、功能性鸡蛋的食用方法

功能性鸡蛋不仅含有丰富的蛋白质和脂肪，维生素、矿物元素、不饱和脂肪酸等营养素的含量也较高，被誉为"人类理想的营养库"，而且鸡蛋中的营养物质更易被机体吸收，因此被列为早餐的必备食物。烹饪和食用方法对鸡蛋营养成分的损失具有重要的影响，同时也可以造成不同风味差异。鸡蛋的烹饪和食用方法主要有水煮蛋、炒鸡蛋、煎鸡蛋、蒸鸡蛋、荷包蛋、鸡蛋糕等。

（一）不同烹饪方式对鸡蛋营养的影响

以ω-3鸡蛋为例，研究结果表明，不同烹饪方式方法均会对ω-3鸡蛋蛋黄中EPA和DHA的流失产生不同程度的影响，其中，EPA的损失率为21%~23%，不同烹饪方法间差异不大，EPA损失率大小为煎鸡蛋＜水煮蛋＜荷包蛋＜鸡蛋糕；DHA损失率则低于EPA损失率，处于7%~14%，鸡蛋黄中DHA损失率大小依次为水煮蛋＜煎鸡蛋＜荷包蛋，鸡蛋糕中DHA未检出。煎鸡蛋由于油炸温度过高，导致鸡蛋中维生素被破坏，不饱和脂肪酸氧化。

（二）不同烹饪方式对鸡蛋风味的影响

有研究通过电子鼻和GC-MS对不同烹饪方法的鸡蛋挥发性成分变化进行研究，结果表明，其风味物质的种类和相对含量存在一定的差异。水煮蛋、蒸鸡蛋、煎鸡蛋、荷包蛋、炒鸡蛋5种烹饪方式的鸡蛋中共检测出8大类、共23种挥发性物质，包括醛酮类、醇类、酯类、酸类、氰化物、胺类、烃的衍生物和醚类，5种烹饪方式下分别检测出13、14、16、13和15种挥发性风味物质。其中，醛酮类物质存在于所有鸡蛋中，对不同烹饪方法的鸡蛋风味具有较大的贡献；另外，炒鸡蛋中检测出特有的醚类物质（叔丁基乙烯基醚）；蒸鸡蛋中酯类含量最高，包含丙内酯和乙酸异丙烯酯两种酯类；煮鸡蛋中乙二醇甲醚乙酸酯相对含量较高；而乙醛酸水合物为荷包蛋特有风味物质。

（三）食用方法推荐

通常认为鸡蛋的任何烹饪加工都会对营养物质造成破坏，生鸡蛋或溏心蛋口感好、营养丰富，但由于生鸡蛋的消化吸收率在50%左右，而熟鸡蛋的消化吸收率高于97%，因此，简单的烹饪对营养成分的保留和吸收具有重要作用。综合以上分析，从营养素损失率来看，水煮蛋为功能性鸡蛋最佳烹饪方法，煮得太久，蛋黄表面会形成灰绿色的硫化亚铁层，很难被人体吸收。一般来说，水煮鸡蛋煮8min左右即可。

第三章
高品质保障：高标准鸡蛋

面对消费者对鸡蛋品质、风味和营养等方面日益提升的多样化需求，如何做到鸡蛋"产得多""质量好""吃得放心"，生产者势必需要在每个环节都要做到精益求精，同时，还需利用现代技术，引进先进理念，对鸡蛋赋予多样元素和多重价值，将绿色、低碳、安全、生态、有机等多种生产方式应用于鸡蛋生产中，以满足消费者对鸡蛋产品个性化、多元化的需求。

常见的高品质鸡蛋除上述的功能性鸡蛋外，以生产方式和质量安全标准为准则的多样化鸡蛋逐渐走进人们的视野，如欧盟福利养殖理念下的非笼养鸡蛋，日本安全新鲜理念下的可生食鸡蛋，以及有机质量标准下的有机鸡蛋等。

一、非笼养鸡蛋

笼养是欧美地区工厂化养鸡的主流方式，20世纪80年代引入我国后，得到蓬勃发展，也极大地保证了居民膳食中鸡蛋的供应，基本实现了老百姓"吃蛋自由"。然而，随着经济社会的发展及人们对动物福利观念的增强，近年来，非笼养、放养在欧美等发达国家盛行，欧盟、美国、澳大利亚等各类经济体对非笼养均有着不同的界定，欧盟于1999年出台蛋鸡非笼养法规，从2007年修订到2013年正式开始实施，前后20余年的研究与近10年的产业实践为其积累了较大的优势，非笼养比例也逐渐提高，目前仅存的笼养全部为富集型笼养。

整体来看，国际鸡蛋市场非笼养主要集中在发达国家，欧洲的非笼养系统已超过50%，其中德国超过90%，英国约有60%；美国约有30%，均呈持续增长态势；非笼养成为市场发展的一种趋势。从销售环节分析，零售渠道市场份额增加最明显的是非笼养鸡蛋，由2017年的37%增加到2021年的56%。美国养鸡和零售行业协会已达成共识，最迟将于2026年停止笼养鸡和鸡蛋的销售。此外，每年销售14亿枚鸡蛋的英国第一大超市乐购宣布最迟会在2025年完全停止销售笼养鸡的鸡蛋。我国目前仅有约10%的鸡蛋来自非笼养系统，其中9%的非笼养鸡蛋来自林下或家庭散养。

非笼养蛋鸡由于相对没有约束和限制，可以自由活动，能满足鸡只的一些天性，如伸展翅膀、跑动、自由觅食等，配备符合鸡性的产蛋箱以及所需的食物摄取渠道，在这种模式下生产的鸡蛋为非笼养鸡蛋。这是基于动物福利、消费者对食品质量和安全考虑、环境保护、生态和谐的一种养鸡模式。

蛋鸡福利养殖旨在为蛋鸡创造营养充足、安全舒适、自由表达天性、免受痛苦和恐惧的生活环境。欧美国家有大量的动物福利主义者把一些优秀企业作为正面宣传，对福利生产的法规建设和实践起了较大的推动作用。

2021年10月13日，中国连锁经营协会发布公告，批准《非笼养鸡蛋生产评价指南》为中国连锁零售行业团体标准，编号为T/CCFAGS 025—2021，自2021年10月13日起实施，作为国内首个非笼养鸡蛋标准，可保障非笼养鸡蛋的生产、流通和消费。

二、有机鸡蛋

（一）什么是有机鸡蛋

有机鸡蛋，是指符合国际或国家有机食品要求和标准，并通过国家有机食品认证机构认证的鸡蛋。我国对有机鸡蛋的生产规定包含在GB/T 19630《有机产品》的"畜禽养殖"条目中，要求引入的蛋鸡不超过18周龄，必须在有机环境下用有机饲料喂养至少6周，才能作为有机蛋鸡继续饲养，可以用人工照明或补光的方式来延长光照时间，但每天的光照时间不得超过16h。

欧美等发达国家对有机鸡蛋的标准和认证更为严格，被许多国家和地区沿用。美国农业部发布的联邦法典CFR205.239规定，有机鸡蛋必须符合以下要求：使用有机饲料喂养鸡，不能使用动物副产品（骨粉之类）和转基因作物作为食物；蛋鸡必须能接触到户外，不能笼养；不能使用抗生素，除非有传染病暴发；不允许强制换羽，遵守基本的动物福利要求。除此之外，该法

典并未规定蛋鸡接触外部空间的大小和时间长短。

相比之下，欧盟有机食品认证机构对有机鸡蛋的规定更为苛刻。根据欧洲委员会1999/74/EC指令，有机鸡蛋的产蛋鸡在室内要有1667cm²的活动空间，相当于1m²可以让6只鸡活动，在室外每只鸡至少有4m²的活动草场，相比之下，非有机的户外散养鸡，每只鸡在室内需要有1100cm²的生活空间（9只鸡/m²）。

此外，国际上通常规定，有机鸡蛋的生产是不允许强制换羽的，所以人工强制换羽后产的蛋就不能称为有机鸡蛋。对于断喙的规定，不同国家和地区规定不尽相同。美国农业部允许断喙，但英国在其制定的有机鸡蛋标准中规定不允许断喙，瑞典所有的养鸡场禁止断喙。欧盟有机食品法规认为，在鸡群正常状况下不必断喙。但是，断喙本身是为了防止鸡只受到伤害，从这个角度讲，断喙不是判定有机鸡蛋的关键指标。

（二）国内有机鸡蛋发展现状

当前国内市场上真正的有机鸡蛋并不多，主要因为对饲料要求过于严格，养殖场难以做到。由于有明确规定要求在有机饲养的过程中，要确保有机饲料达到95%以上，才符合国家有机养殖产品的有机标准，有机饲料的生产涉及到种植和加工等多个链条，难以控制，而且，转基因大豆和玉米的使用，使有机饲料更为稀缺。其次，在养殖全过程，包括育雏和育成期都不能使用任何抗生素或化学药品，导致有机鸡蛋的生产成本过高。

正因为上述原因，相比于水果和蔬菜类产品，鸡蛋的有机认证较少，但即便如此，国内蛋鸡养殖场和鸡蛋生产厂为了改善鸡蛋质量，提高附加值，选择了生产销售有机鸡蛋，甚至有一些企业选择欧盟和中国有机食品标准双认证，极大地提高了产品知名度和关注度，提升了品牌价值。较为成熟的模式有"生态牧养模式+有机饲喂标准+蛋品质量管理体系"，可确保了规模化鸡蛋生产的安全与高品质。

消费者在购买鸡蛋时很难鉴定是否有机。在这方面，有机认证机构根据符合有机生产企业的规模，发放"中国有机产品"标签，在销售时贴于产品上，没有"中国展联合会的有机认证有机产品"字样的产品，不可信。值得注意的是，有机产品是通过国家正规认定机构认定合格的产品，不管鸡蛋上怎么标明"原生态""天然"，只要没有通过国家正规有机认证机构认定合格的产品，都不是有机产品。此外，有机鸡蛋包装上贴的有机码标志，有"刮开涂层得有机码"的字样，消费者可登录"中国食品农产品认证信息系统"，在"有机码查询"栏目中，输入"有机码"，查询对应的获证产品的基本信息。当然，也有农场按照有机标准生产的有机鸡蛋没有进行国家认证，购买这样的鸡蛋，就全靠农场信誉和消费者的信任了。

三、可生食鸡蛋

（一）基本概况

近年来，可生食鸡蛋在我国兴起，并蔚然成风。可生食鸡蛋的部分消费者是中高收入的"Z世代"，对他们来说，高价格是和高品质划等号的；而大部分消费者认为这是时尚而追逐跟风。某种程度上，可生食鸡蛋代表着原味、营养、健康，引领着消费时尚和产业发展，但从我国目前鸡蛋生产、流通、消费环节来看，可生食鸡蛋这股热潮仍需理性看待。

（二）发展状况

日本鸡蛋产业链有一套严格的可生食鸡蛋标准管理体系，企业全部实施HACCP管理，从鸡的选种、饲料、水、生长环境以及鸡蛋的清洗、包装、运输、配送等环节都能够确保鸡蛋的卫生安全。但即使在日本，过了"赏味期"，可生食鸡蛋也要加热后才能食用。另外，日本推行"地产地销"运动，有些农场能做到鸡蛋一生出来，自动采集，然后马上进行清洗、杀菌、冷却，"鸡蛋1h上架销售"保证了鸡蛋的新鲜、安全。

目前，我国有些养殖场虽然能够保证在生产、包装、运输环节处于无菌状态，但不能很好地控制鸡蛋销售环境。鸡蛋蛋壳含有微小的细孔，不可避免地会受外界影响，因此，消费者购买到的产品很难完全无菌。另外，消费者网上购买或超市中购买的可生食鸡蛋一般都是十几枚到几十枚，要在家里存放多天才能吃完，即使是最新鲜的可生食鸡蛋也基本过了生吃的"赏味期"，生吃的隐患很大。

（三）发展趋势

从不同地区来看，鸡蛋品类发展亦与饮食文化演变有着甚为紧密的关系。极具代表性的是日本的生食文化与可生食鸡蛋二者的同步发展，虽然可生食鸡蛋在欧美市场未形成品类，但在中国及东南亚一些经济体，随着寿喜烧、和风牛排等日料餐饮店的崛起，可生食鸡蛋正在成长为新的品类，赢取越来越多的消费者心智资源，为鸡蛋品牌发展提供了正向推动力。

然而，可生食鸡蛋的生产消费涉及链条较多，需要从鸡种、饲料、饮水、

蛋收集、包装、储运、配送、销售和消费等各个环节进行严格控制，才可以确保产品的质量。目前我国并没有出台针对可生食鸡蛋的生产、质量控制、储运等方面的强制性标准，虽然有团体标准，但市面上的可生食鸡蛋大都采用的是鲜蛋卫生标准或企业标准。另外，除了沙门氏菌等微生物指标外，毒素、抗营养因子、过敏原等也是影响鸡蛋可否生食的重要因素。

可生食鸡蛋的流行反映了我国消费者对安全、高品质鸡蛋的诉求，倒逼行业转型升级。近年来，我国蛋鸡企业的设施设备改造、转型升级取得了很大的进展，物流营销体系也不断完善。但稳定的高质量可生食鸡蛋生产供应消费体系不是一蹴而就的，需要政产学研以及消费者的共同努力，才可能逐渐规范和成熟。

因此，建议消费者不要盲目跟风，而是要根据自己和家庭的实际情况购买和食用可生食鸡蛋。儿童、孕妇和老人脾胃功能较弱，不建议生食鸡蛋。如果购买可生食鸡蛋，一定要选知名大品牌，注意生产日期和"赏味期"，一次不要购买太多，并且要做好在家中的保存和管理，避免污染。

第四章
鸡蛋加工品质问答

一、为什么鸡蛋加热后会从液态变成固态

鸡蛋加热变成固体的过程其实是蛋白质受热变性的过程。若想探究蛋白质在加热时如何变性，首先要了解蛋白质的构成，氨基酸通过脱水缩合形成肽键聚合成的长链称为肽链，肽链会进一步折叠成键而具有三维结构，折叠后的多条肽链之间会进行组合、成键，构成蛋白质。因此正常情况下近球状的蛋白质会以颗粒形式溶解在水中形成胶体，但是烹饪时加热可能会破坏掉除肽键外几乎所有的成键，原本具有三维结构的颗粒状蛋白质会解体为长链形式，但多个蛋白质的长链之间可能也会成键，整体会连成复杂的网络，水分子只能分散到这些网络的间隙中，无法使整体呈现流动性。

另外，鸡蛋由悬浮在水分子中的球状蛋白组成，这些球状物之间由链状结构相连结，带有电荷，电荷的互相排斥作用使它们互相之间无法聚合，鸡蛋中的蛋白质以稳定的结构漂浮在水中。随着鸡蛋被加热，这种链状结构被破坏，蛋白质之间的电荷也随之消失，蛋白质之间不再互相排斥而凝结成一团，形成了新的链状结构而将水分子锁在中间，所以鸡蛋随着加热慢慢凝固。这种受热达到一定程度的凝结是不可逆的，即凝结后不能在水中重新溶解，可溶性的蛋白质外层是亲水的，内核是疏水的，加热会破坏蛋白质的结构，导致疏水部分外漏，也就是我们看到的变成了不溶于水的固体。全蛋液在64.5℃及以上温度下加热就会出现热变性凝固的现象。鸡蛋（主要是蛋白）中所含的白蛋白和球蛋白的性质使鸡蛋经加热后凝固，具有热凝固性。

鸡蛋蛋白的热凝固是一个复杂的过程。目前的研究表明形成和维持蛋白

质凝胶网状结构的作用力主要有静电相互作用、氢键、疏水相互作用。鸡蛋白中蛋白质受热凝固形成凝胶的过程：首先，鸡蛋蛋白中蛋白质分子在受热后因其二、三级结构均受到破坏而发生变性；其次，变性的蛋白质因次级键的松动或发生交换反应使紧密的球状和椭圆状构象舒展松弛，从而暴露出其内部的亲水基团，增强了蛋白质在水中的溶解性能；再次，持续的加热促使蛋白质的不断展开变性，而这些变性的蛋白质分子和相邻结构相似的未展开蛋白质分子存在相互作用，从而形成了分子量较大的蛋白质凝集物，随着加热时间的持续延长，蛋白质分子之间相互作用加强，形成有序的聚集状态和空间网络结构；最后，随着蛋白质分子间相互作用的增强，大分子凝集物的不断增加，且凝集物之间也会发生相互的作用，使凝胶的三维网络结构更加稳定，大量的水分被包裹在这种分子结构中，使整个体系变为水分子分散在蛋白质分子中的体系，这种蛋白质包围水的体系即为蛋白质凝胶。

二、为什么有的蛋煮出来是透明的

像鸽蛋、鹅蛋、鸭蛋，煮熟了都呈现出半透明状态，而鸡蛋、鹌鹑蛋等，煮熟后是不透明的，呈纯白色。这是为什么？

鸡蛋白的主要成分是卵清白蛋白（55%），其次还包括卵铁传递蛋白（12%）、卵类黏蛋白（11%）、溶酶菌（3.5%）、卵黏蛋白（3%）、卵抑制物（1.5%）、卵黄蛋白（0.7%）、卵巨球蛋白（0.5%）、亲和素（0.05%）。鸡蛋煮熟后变白，是因为蛋白质原本都是松散的、蜷成一团，结果一受热就缠绕在一起，变成网状结构，将周围的水困住，这改变了蛋白的颜色和物理稠度，阻止了光线通过，所以不透明了。如果想要蛋透明化，其实专业上叫凝胶化。

禽蛋蛋白中含有较高浓度的蛋白质，是蛋白质分散在水中形成的溶胶体，在加热条件下，这种溶胶体会转化成凝胶，蛋白凝胶化是一个复杂的过程，经过蛋白质分子链伸展、分裂、结合及聚集的过程，相邻的分子通过氢键、二硫键、疏水键、范德瓦尔斯力及静电等作用交联形成三维网状结构，进而将水分和其他成分包络起来形成凝胶，加热的时间和温度等物理因素也有可能影响鸽蛋透明度的形成。鸽蛋的凝胶化，与天然蛋白质和表面活性剂的合理组合有关，抑制了蛋白质的随机聚集。煮熟的鸽蛋蛋白，有些呈透明胶冻状，有些则为白色不透明固体状，而透明鸽蛋晶莹剔透，温润亮泽，形似果冻，具有质地滑嫩、绵软，易咀嚼的优点，适口性好，更符合大众的口味，更受广大消费者的喜爱，市场前景更为广阔。

蛋白质形成凝胶的机制和相互作用至今还没有完全研究清楚，但有研究表明蛋白质形成凝胶有两个过程，首先是蛋白质变性而伸展，其次是伸展的蛋白质之间相互作用而积聚形成有序的蛋白质网络结构。虽然蛋白质凝胶化的机制并不完全清楚，但可以确定的影响因素有蛋白质的浓度、蛋白质的结构、添加物、pH。

（一）蛋白质的浓度

蛋白质溶液的浓度越高越有利于蛋白质凝胶的形成，高浓度蛋白质可在不加热、与等电点相差很大的pH条件下形成凝胶。

（二）蛋白质的结构

蛋白质中二硫键含量越高，形成的凝胶的强度也越高，甚至可以形成不可逆凝胶，如卵清蛋白、β-乳球蛋白，相反含二硫键少的蛋白质可形成可逆凝胶，如白明胶等。

（三）添加物

不同的蛋白质相互混合，可促进凝胶的形成，将这种现象称为蛋白质的共凝胶作用。在蛋白质溶液中添加多糖，如带正电荷的明胶与带负电荷的褐藻酸盐或果胶酸盐之间通过离子相互作用形成高熔点凝胶。

（四）pH

pH在等电点附近时易形成凝胶。

蛋白质和多糖是大分子，凝胶过程是一个复杂的反应体系，三维结构描述和定量困难。例如，球蛋白的凝胶过程通常分为蛋白质分子展开、解聚和聚合、凝聚等步骤。在热变性的过程中，天然蛋白质分子伸展，暴露出功能性基团（如巯基和疏水基团），随后，为了降低体系的能量，蛋白质通过形成二硫键或疏水相互作用发生凝聚，当蛋白质浓度高于形成凝胶的临界点时，凝聚继续发展形成凝胶结构，在整个反应过程中，最终的凝胶和凝聚体的结构受环境因素（如蛋白质浓度、pH、离子强度、温度等）影响很大。食品是一个复杂的体系，一些成分会影响蛋白质凝聚成凝胶的过程，如蛋白质与蛋白质之间的相互作用，通过改变二硫键形成、疏水相互作用、氢键或是范德华力，改变所形成凝胶体的凝胶特性。

三、水煮蛋是蛋白先熟还是蛋黄先熟

蛋白，卵蛋白质的热凝固特性，伴白蛋白热稳定性最低，其凝固温度是57.3℃，卵球蛋白和卵白蛋白凝固温度是72℃和71.5℃，卵黏蛋白和卵类黏蛋白热稳定性最高，不发生凝固，而溶菌酶凝固后强度最高。这些蛋白质相互结合，彼此影响凝固特性，使蛋白在57℃下长时间加热后开始凝同，58℃即呈现变浊，60℃以上即可由肉眼看出凝固，70℃以上则由柔软的凝固状态变成坚硬的凝固状态；蛋黄在65℃开始凝固，70℃失去流动性，并随温度升高而变得坚硬。

理论上蛋黄完全凝固的温度是低于蛋白完全凝固的温度，下面分情况讨论如何煮出不同成熟状态的鸡蛋（加热时间充足指热传导足够使内部温度和外部温度一致并保持一定时间）：

（1）加热温度低于57℃，加热时间充足，蛋黄、蛋白均不会凝固。

（2）加热温度处于57~65℃，加热时间充足，蛋黄不凝固，蛋白仅刚刚出现肉眼可见的凝固。

（3）加热温度处于65~70℃，加热时间充足，蛋黄、蛋白均开始凝固但未完全凝固。

（4）加热温度高于70℃、低于蛋白完全成熟温度，加热时间充足，蛋黄完全凝固，蛋白还未完全凝固。

（5）加热温度高于蛋白完全成熟温度（大概为80℃），加热时间充足，得到的就是我们平时吃的内外全熟的鸡蛋。

（6）加热温度高于蛋白完全成熟温度，较短时间加热，使热传导不足以使蛋黄温度（为65~75℃）和外部一致，而外部蛋白温度高于80℃，最终得到的就是溏心蛋。

60℃时蛋黄会变性，80℃时蛋白会变性。一般用100℃沸水煮鸡蛋时，由于蛋白先受热会先熟，蛋黄后熟；用70℃的水浴加热鸡蛋就会得到蛋黄熟了、蛋白不熟的鸡蛋。在不同的煮熟时间下，通过感官上的分析，在加热3min时，蛋白基本上完全凝固，蛋白的组成中大部分是水，凝固之后食品体系中结合水处于稳定状态，在之后的加热中，几乎没有发生变化。加热到大约6min的时候，蛋黄内部结构没有发生很大的变化，只是与蛋壳接触的那部分蛋清首先变性凝固；加热11min时，蛋黄也基本上完全凝固。

四、同是水煮蛋，温泉蛋和溏心蛋有什么区别

温泉蛋是源自日本的蛋料理，也被称为日式煮鸡蛋，是一种水煮蛋的做法，因在温泉里煮成而得名。由于日本各地都有温泉，人们喜欢在泡汤时，顺道把鸡蛋放入温泉水中泡煮至半熟后食用，制作出蛋黄半熟、蛋白为半凝固状态的蛋料理。所以温泉蛋的美味秘诀是因为温泉水的温度适宜，而不是因为温泉水中的矿物质成分产生作用，而它也可以说是在日本饮膳休憩文化之下诞生的料理。传统的方法就是把鸡蛋放在一个带绳索的网套中，放在温泉里30~40min，温泉的水温一般在70℃左右，在蛋白稍微凝固，蛋黄未完全凝固的时候，从水中取出，敲开蛋壳，倒入碗中。蛋白为乳状半凝固状态，把蛋壳敲开时，会惊奇的发现蛋白还是液体，可蛋黄已经凝固了，味道独特，温泉蛋在温泉里煮熟，是蛋黄先熟、蛋白后熟，可以用吸管吸蛋白。

温泉蛋的魅力所在正是半熟的蛋黄和嫩滑流动的蛋白，然而就常理来说，烹煮鸡蛋时热度由外而内传导，蛋白对于蛋黄的熟度应该更高，究竟是如何将鸡蛋煮到外生内熟的呢？其原理是利用蛋白和蛋黄受热后的凝固点不同，蛋白质受热后会变性凝固，而蛋黄中蛋白质的凝固点约70℃，蛋白则约80℃，利用两者之间的温差，让鸡蛋泡煮在70~75℃的温水中，便得以烹煮出外生内熟的效果。

溏心蛋是"蛋白熟、蛋黄半熟不凝固"的蛋料理，"溏"字本义就是"不凝结、半流动"，"溏心"指的是未凝固的半熟蛋黄，多半呈糊状，这也是它的名称由来。溏心蛋外层的蛋白部分已经硬化，而蛋黄还是半黏稠状，主要是利用了受热传导的不均匀。制作溏心蛋时，用沸水煮蛋，水的热量先传到蛋白，使蛋白变白固化，热量将要传到蛋黄时，迅速让蛋降温，没有了热量，蛋黄就保持在液态或半液态了。溏心蛋制作很考功夫，水一沸腾就要马上捞起蛋放进冷水里，然后放进酱油里让其入味，每个过程都要精准到秒。缓缓流出的蛋黄浆很是吸引人，入口带着浓浓蛋香。温泉蛋是"蛋白未凝固，蛋黄呈现凝固的半熟状态"，可以用吸管吸食，溏心蛋是"蛋白熟透凝固，蛋黄呈现半熟状态"的蛋料理。在日本料理店佐酒、拌饭拌菜的是温泉蛋，而为拉面配料的多半是溏心蛋。

与鲜全蛋液相比，温泉蛋的加热过程对鸡蛋中脂肪酸含量的影响最小，溏

心蛋次之，全熟蛋脂肪酸组成变化最大，从生蛋、温泉蛋、溏心蛋到全熟蛋，随着成熟程度的增加，鸡蛋中脂肪酸的损失率逐渐变大。

五、溏心蛋、温泉蛋这两种未完全熟的蛋可以吃吗

鸡的生殖和排泄系统没有完全分开，因此鸡蛋不仅外面可能带菌，内部也可能被污染。此外，鸡蛋在储存过程中，随时间推移，外部的细菌也可以侵入鸡蛋内部。鸡蛋中最常见的致病菌是沙门氏菌，此外还有空肠弯曲菌、致病性大肠杆菌、李斯特菌等，这些细菌会导致食源性疾病"温泉蛋"实际上用的就是巴氏杀菌的原理。温泉水的温度在60~70℃，虽然不能让鸡蛋完全凝固，但里面的致病菌也扛不住，因此这种半生鸡蛋确实可以吃。

我们都知道，加热温度越高，细菌死得越快。如果加热温度在70℃以下，沙门氏菌大概需要20~30min才能死亡。加热温度在100℃就不一样了，它在几秒内就会被杀灭。因此溏心蛋能否安全进食完全取决于温度，但细菌、病毒还是有可能"漏网"，但不必担心，我们可以用沸水煮鸡蛋2~3min，之后关火焖一会儿。此外，鸡蛋蛋白质含有多种抗菌物质，如溶菌酶、卵黏蛋白，加之蛋黄膜的保护作用，细菌和病毒很难进入蛋内。

六、鸡蛋能放入微波炉加热吗

微波炉本身并不产热，而是利用自身的磁控管，将电能转换成微波，振荡食物分子，分子以每秒钟24亿5千万次的速度快速振荡，这种振荡的宏观表现就是食物被加热了。传统的加热方式，是由外到内的，而微波炉的加热方式，是全部均匀加热，这就导致了微波炉加热鸡蛋是一件很危险的事。

鸡蛋内含有大量的水分，微波炉的热量传递来自水分子在微波下的作用，如果把生鸡蛋放进微波炉里，通过微波传播加热鸡蛋，速度快，热量高，让鸡蛋液体内的水分子立刻加热沸腾，因为鸡蛋是密封的，产生的热量会使蛋内的水分沸腾变成水蒸气，水蒸气的体积比水大得多，因此蛋内会产生很大的压力，气压无法离开，只能向外膨胀。同时，在较短的时间里，鸡蛋内部产生的大量热量并不能马上从鸡蛋表面的小孔跑出去。气压升高，蛋壳膜中的空气也在膨胀，增大鸡蛋内部的压力，等到蛋壳承受不了压力时，蛋壳就会迅速破裂，到一定极限（超过蛋白和蛋壳的强度），发生爆炸现象。

通常，煮鸡蛋、蒸鸡蛋时外面的水只有100℃，里面没有水蒸气，热量由

外而内传导，蛋壳、蛋白、蛋黄，气室中的空气也会因热而膨胀，但是因为过程缓慢、气体可通过蛋壳和蛋壳膜上的小气孔缓慢导出来，所以不会爆炸。此时或许有人会想，能不能将鸡蛋放在水里，再用微波炉来煮鸡蛋，其实这也是行不通的，因为微波还是会传导到蛋黄和蛋白中去的，那里蛋白质分子密集，产热迅速且多，也会爆炸的。煮是从外向内慢慢加热，水煮的时候一般只是蛋壳裂开而已，微波炉是内外同时迅速加热，鸡蛋由于迅速受热膨胀，但是外面又有蛋壳约束，煮鸡蛋时鸡蛋内部始终和水温一致，最高温度100℃，鸡蛋内部水分不会汽化，所以不会爆炸，而把鸡蛋放微波炉里加热，内部局部温度会超过100℃，那里水分汽化后体积急剧膨胀就会爆炸。

总而言之，不管是煮熟的鸡蛋还是生的鸡蛋，都不能用微波炉加热。在微波炉里，因为温度的关系，蛋白和蛋黄的膨胀率都会发生变化，当物体的分子之间膨胀不一样，或内部分子能量大，外围有包裹，在加热的时候就会容易发生爆炸。此外，凡是带皮、带壳且皮壳密度大的密封食品或馅料食品，如汤圆、月饼等，不宜在微波炉中加热；水分少的以及油炸食品不宜加热时间过长；半熟食品不宜加热（时间过短不能杀菌）。

七、鸡蛋的系带在什么情况煮出来更明显呢

蛋黄并不是"无依无靠"地浮在鸡蛋中央的，蛋黄上的白色丝状物，其学名叫作卵黄系带，存在于蛋黄两侧，沿着鸡蛋长轴方向，一端连接着蛋黄，另一端固定在蛋壳膜上，是一种浓厚的不透明带状物，新鲜的卵黄系带很粗且富有弹性，它的作用是维持稳定，起到一定程度上固定卵黄的作用，保证卵黄基本位于鸡蛋中央。同时它也起到了缓冲的作用，这样可以使母鸡在孵小鸡的时候，让卵黄一直保持在鸡蛋的中心位置，无论鸡蛋是否受精，都有卵黄系带这个结构，同时蛋系带是优质蛋白质的来源，含有和燕窝同样的成分"涎酸"，具有抗氧化作用，防止感染的产生，可以正常放心食用。

浓厚蛋白的热变性温度（72.51℃）比稀薄蛋白（67.01℃）高，与浓厚蛋白热凝胶相比，稀薄蛋白热凝胶的硬度显著较高（最高高出29.8%）、弹性相对较高（在加热30min时差异显著），而内聚性相对较低（在加热10min和50min时具有显著性），因此，浓厚蛋白的热凝胶整体上柔软并坚韧，而稀薄蛋白的热凝胶相对坚硬且脆。在煮鸡蛋的蛋白刚好凝固、系带（浓蛋白）凝胶化不完全时，系带不太明显，如蛋白完全凝胶后，系带和周围的内稀蛋白、

外稀蛋白凝胶特性不同，所以更明显。鸡蛋存放时间久了，蛋白稀了再煮，就会看得出系带跟虫子似得，而存放很久的鸡蛋，把鸡蛋打到碗里则可以清晰看到，但是煮熟之后，因为蛋白、系带都是蛋白，由于蛋白质凝固了，就分不清楚了。

八、鸡蛋怎么炒才嫩

炒鸡蛋方便又美味，可有不少人炒出的鸡蛋不是碎得不成形，就是太老，有时还会糊锅，甚至还有蛋腥味，对此，在打鸡蛋的时候加入两样宝，就可以轻松炒好鸡蛋。第一样宝是料酒，这样炒鸡蛋不但能少放油，还能让鸡蛋更加嫩滑，味道更鲜美。在打鸡蛋时加入少许料酒，其含有的少量酒精会让鸡蛋中的蛋白质加热后的凝固速度大大变快，鸡蛋就更容易成形，并且不容易碎，使蛋白质还来不及变老前就已经凝固，炒出来的鸡蛋也会更嫩，同时，料酒还是除腥、解腻、增鲜的高手，一般炒5个鸡蛋，加入5g左右的料酒就可以了，需要注意的是，每次放入料酒不能过多，也不能用白酒代替料酒；另外一样宝是清水，在打鸡蛋时把清水和鸡蛋加到一起，打匀后倒入锅中小火慢炒，鸡蛋口感会特别嫩滑，并且不容易糊锅，一般炒5个鸡蛋，加50g左右的水比较适合，最多不要超过100g，加多了入油锅后会容易爆油，并注意水与鸡蛋一定要打匀。

因此，炒蛋嫩滑，功在炒前，把握好打蛋与添加环节，鲜香滑嫩的炒蛋就会水到渠成。下面探究一下原理，同样的蛋炒出来，为何有的嫩滑、有的柴硬呢？根源在于鸡蛋蛋液的三大特性，也就是起泡性、乳化性、凝胶性。起泡性，主要依赖蛋白，它的起泡值可达0.64，全蛋液可达0.56，烹调中，如果起泡不充分，炒出的蛋不蓬松，咀嚼时就会感到"硬"，这种起泡性用处很多，蛋糕的膨松就常常依赖它；乳化性，蛋白液、蛋黄液全都具备，分别达1.98和2.20，烹调中，如果乳化不充分，炒出的蛋就板结，"硬"的口感由此而生；凝胶性，也来源于蛋白，炒蛋成型、弹糯口感依赖它，但在烹调中，要延迟凝胶进程，否则将影响起泡和乳化效果，炒出的蛋也就不理想。

可见，决定炒蛋口感的因素，是鸡蛋液的三大特性，因此，炒蛋前，要将蛋液打均匀，反复搅打，既使其更好乳化，又使其更好起泡，最好打到蛋白、蛋黄完全融合、看不出丝毫分离痕迹的程度。下锅以后，就用锅铲推动凝结的蛋，让未凝结的蛋液均匀流向锅底，尽量使蛋液受热均匀、凝结进程大体一致,当蛋液初步凝结,就可转小火,用锅铲将蛋切开翻炒,散成不规则的小块,此时,再转中火,快速炒香,出锅。这样的炒蛋,不仅软嫩,更有酥香、弹糯、鲜美等特点。

九、为什么打发蛋白要顺着一个方向

蛋白经搅拌后会形成绵密的蛋白霜,蛋白质分子在蛋白中原本是折叠的状态,相互之间通过弱相互作用力维持在一起,当蛋白被搅拌时,这种物理作用力会使蛋白质分子展开,并暴露出原本隐藏在内部的亲水和疏水区域;在搅拌过程中,尤其是快速搅拌时,会将空气进入蛋白液体中,蛋白质分子展开后的疏水性区域会倾向于围绕空气泡沫,形成一个稳定的界面,从而捕获空气,形成泡沫;随着越来越多的蛋白质分子展开并围绕空气泡沫,这些泡沫变得越来越稳定,同时,展开的蛋白质分子之间还能形成新的交联,增强泡沫的结构稳定性,这也是为什么搅拌得越久,蛋白霜就越绵密、稳定。

向一个方向搅拌,可使鸡蛋蛋白在搅拌力的作用下逐渐伸展并相互连接而形成网络结构,大量水分被包在网络组织中,加强了蛋白质的凝胶作用。如果从正反两个方向来回搅拌,蛋白质之间的网络组织就很难形成,吸水量便会大为减少,黏性减弱。

十、烘焙用冷冻鸡蛋和鲜蛋有什么区别

在烘焙中使用的鸡蛋不只是新鲜鸡蛋,还包括液态鸡蛋、冷冻鸡蛋和干燥鸡蛋等加工鸡蛋。与新鲜鸡蛋相比,冷冻鸡蛋的保质期达到了18个月,只要解冻就能使用,非常方便。鸡蛋经冰冻,其蛋黄的黏度会升高,解冻后,蛋黄也回不到原来的液态性状,这是由于蛋黄冷冻时冰晶的形成机械破坏了蛋黄的蛋白质构象,蛋白质二级结构发生了改变,分子间作用力增大,蛋黄蛋白质聚集,促使蛋黄表现更高的弹性和黏性,也就是蛋黄内的蛋白质发生了变性,如果变性条件剧烈持久,蛋白质的变性就会不可逆,蛋黄的凝胶状随之也会变得不可逆。

虽然蛋黄冷冻后再解冻会凝胶成半固体,但添加糖或盐进行机械搅拌可以防止胶凝。此外,使用液态氮急速冷冻也可以抑制凝胶作用,所以一般冷冻蛋黄采用加入20%的糖分搅拌后再冷冻保存的方法,解冻后可打发用于制

作甜点、面包、布丁、冰激凌等，冷冻蛋白也分为起泡型和非起泡型，至于使用效果，与新鲜蛋白区别不大。冷冻全蛋和冷冻蛋黄可以根据需要添加乳化剂或起泡剂，一般的生产线商品是吃不出来太大区别的。

那什么样的冷冻鸡蛋不能吃呢？正常完整冷冻鸡蛋是可以吃的，但是被冻裂的鸡蛋就最好不要吃了，冻裂的鸡蛋会有大量细菌进入，导致鸡蛋完全变质，这样的鸡蛋会对身体健康造成危害。

十一、打发蛋白为什么需要加糖

砂糖会影响气泡稳定性，砂糖融入气泡的薄膜中，因为砂糖吸附了蛋白中的水分，所以气泡不容易崩坏而成为稳定的状态，以便得到细小的气泡。在打发蛋白的过程中要注意：

（1）如果打发蛋白的砂糖用量较少，会出现轻盈的发泡，但气泡的安全性会变差，气泡容易崩坏，变成轻且松散的气泡；砂糖用量极大时，发泡性变差，会形成气泡含量少且具黏性的打发状态。鸡蛋气泡量过多，支撑蛋糕的力量不足会造成蛋糕坍塌，反之，如果鸡蛋的气泡量太少，也会无法制作出膨胀松软的蛋糕，所以要选择砂糖用量的平衡点。

（2）打发蛋白时，使用新鲜的鸡蛋，可以获得比较紧实的发泡状态。

（3）已经打发的蛋白，如果有水分渗出，一般是打发过度造成的。

（4）打发过程中，不能中断，要一气呵成。

十二、鸡蛋在烘焙中起什么作用？非它不可吗

鸡蛋在烘焙中的使用率非常高，不管是做面包还是做蛋糕、饼干、甜品都会不同程度地用到蛋黄、蛋白或全蛋。

具体作用如下：

（一）提高烘焙品的营养价值，改善烘焙品的风味

鸡蛋里含有丰富的蛋白质、脂肪和多种维生素，很容易被人体吸收。有鸡蛋加入的烘焙成品有浓郁的蛋香味，也能很好地增加烘焙品的组织结构、营养和口味。

（二）乳化作用

蛋黄含有卵磷脂和脂蛋白，是优秀的天然乳化剂，简单来说，乳化就是使水和油融合在一起的过程。通常，即使强力混合水和油，稍微静置后就会

水油分离，但是，加入蛋黄并充分地搅拌，使水和油充分地混合，缩短和面的时间，保持面团的均一性和成品结构酥松，使面团变得光滑，从而令面包、蛋糕的内部组织细腻、柔软，饼干更加酥松。

（三）膨胀作用

在做一些类似戚风或海绵蛋糕时，并没有添加发酵粉，而是直接打发蛋白，就是利用了鸡蛋的膨胀作用。蛋白是一种亲水性的胶体，具有很好的发泡性，蛋糕制作中经常以打发的蛋白来使蛋糕拥有松软的口感，打发时通过强烈的搅拌，蛋白被注入空气形成蛋泡沫，蛋泡沫里包裹着一个个微小的气泡，拌入面糊后能为面糊充气，再通过烘烤加热形成紧密连接的细密气孔，使蛋糕在烘焙过程中膨胀。除了蛋白，全蛋和蛋黄同样可以打发成泡沫，只是全蛋泡沫和蛋黄泡沫不如蛋白泡沫体积那么大。

（四）上色作用

鸡蛋在烘焙成品中还起到了增色的作用，它使蛋糕、饼干拥有迷人的金黄色，而面包在烘烤前刷一层蛋黄液也是为了令面包变得更加好看，这样烤出来的面包才不会是白色的。

（五）强化结构，增强烘焙品的嚼劲

蛋在烘焙中的一个重要作用是强化结构，烘焙产品中蛋在支撑结构上的作用不亚于面粉，有时甚至比面粉更重要，这种作用的发挥得益于蛋白质的凝结。凝结的蛋白质有强大的结构支撑力，就像建筑物里的支柱一样，能够帮助蛋糕和面包保持形状，并增强了面团的筋度、韧性，使成品富有嚼劲和弹性；也能使各种蛋黄酱和奶油酱增稠、胶化。事实上，如果没有蛋，大多数蛋糕都无法保持形状，不同的蛋泡沫有不同的膨胀力，同样，蛋泡沫的结构支撑力也有差别，蛋泡沫的结构支撑力从强到弱排序如下：蛋白＞全蛋＞蛋黄，从蛋白到全蛋再到蛋黄，蛋糕内部的气泡越来越少，组织越来越紧实，蛋泡沫的结构支撑力由强变弱。

十三、皮蛋的特殊风味从何而来

食品中的风味物质主要由非挥发性物质和挥发性物质构成，与新鲜鸭蛋白相比，皮蛋白含有较多的酯类，且大多是短链脂肪酸酯，它们都具有独特的水果风味。在皮蛋白中含有3种醛类物质，短链醛具有脂香和清香，高分子量的醛具有橘子皮的清香味。在皮蛋白中还含有少量酮，其是杂环化合物形成的中

间体，在杂环化合物的形成中具有重要作用，其通过影响杂环化合物的形成影响皮蛋的风味。除此之外，皮蛋白中还含有少量的醇类、含硫化合物以及胺类化合物，均具有特殊的风味，对皮蛋白气味的形成具有重要作用；皮蛋黄中还含有许多具有特殊风味的酯类、短链脂肪酸、不饱和长链脂肪酸、苯甲醛、苯乙醛以及一些高分子量的醛类等。另外，皮蛋黄中还含有一些酮类和具有独特清香气味的醇类、含硫化物和含氮化合物。

皮蛋之所以有特殊风味，是因为经强碱作用后，蛋白质被分解成了各种氨基酸，再加上含硫化合物等的气味，封闭月余，就形成其特有的风味了。目前皮蛋风味形成机制主要可以理解为禽蛋中大量的蛋白质、脂肪和少量的糖类，在强碱作用下分别降解或氧化形成短肽、氨基酸、还原糖以及一系列烃类、醇类、醛类、酯类等。氨基酸和脂肪酸不仅可以作为挥发性风味物质和挥发性风味物质的前体物质影响风味物质的形成，而且氨基酸和脂肪酸之间以及它们反应所形成的中间产物之间也可以发生一系列反应生成挥发性风味物质，从而影响皮蛋风味的形成。

脂肪氧化能促进皮蛋风味形成，皮蛋腌制前后风味发生了巨大的变化，而腌制后的皮蛋白和皮蛋黄的风味也各不相同。这可能由于皮蛋黄中含有较多的脂质，其是食品中风味物质形成的重要前体，因此皮蛋黄中的挥发性风味物质比皮蛋白中更多。皮蛋腌制过程中脂肪会被水解产生游离脂肪酸，由于其不稳定更容易被氧化或被酶、微生物利用产生大量挥发性化合物如醇、醛、酮、羧酸等，不饱和的游离脂肪酸是形成风味物质的主要前体物质，其在发生氧化时会产生许多具有特殊风味的不含支链的醛。

十四、黄心皮蛋和黑心皮蛋有何不同

关于制作工艺，黑心皮蛋和黄心皮蛋都有浸泡工艺和干裹工艺，只是黑心皮蛋基本都使用浸泡工艺，黄心皮蛋基本都使用干裹工艺。制备皮蛋的第一步是为蛋创造一个碱性的密封无氧环境，常见的方法有两种，原理是一样的：一种是裹泥后把蛋放进碱液持续浸泡，用碱液来隔绝空气，这个叫浸泡法；另一种是裹泥后套进塑料袋子里，用口袋来隔绝空气，这个叫裹泥法。金色皮蛋比深色皮蛋多了一个步骤——让硫化亚铁氧化。所以，在裹泥法的后半段，当皮蛋的碱性发酵到一定时间之后，需要拆开塑料袋，让皮蛋摊晾在空气中一段时间，这样颜色就会慢慢变成金色，但是氧化有一个前提条件，就是蛋壳上的气孔没有被堵住，如果堵住的话，无论浸泡法还是裹泥法，最终结果都是深色的。密封后需要充分的风干，目的之一是让碱度降低，阻断美拉德反应从而防止蛋体变黑。充分的通风会让蛋体水分降低，蛋体更加金黄。但是不会让已发生反应的部分黑色蛋体变黄，随着温度或时间的增加，变黑的程度会增加。所以，黄心皮蛋部分蛋体变黑，尤其是蛋黄部分，这个很难避免，尤其在气温高的时候，但是不影响品质，大家可以放心食用。一般来说，浸泡法都会加金属离子沉淀，堵住气孔，但如果没有加金属离子，摊晾之后就会顺利变色。简单地说，密封的时间越长，硫化亚铁的形成量就越多，对应地，要让它褪色的摊晾时间就越长。不过，摊晾期需要严格控制空气的温度和湿度，温度低了，硫化亚铁氧化速度慢，对应的一个蛋占用库存的时间就很长，十分不划算；湿度高了蛋容易被空气中的微生物腐坏，温度高了或湿度低了，蛋里的水分就会跑掉，蛋白会无法控制的畸形收缩，卖相略不好看。

口感风味上，黄心皮蛋在足够的摊晾时间下，蛋黄会形成一个软糯黏牙的半固态的"核"，切分的时候很容易黏在刀上面，业内叫"樱桃心"，这个和"溏心"还不一样，溏心是基本偏液态的。而且硫化物和氨气味道基本可以完全消失，生成新的像芝士的风味，据说放置到一年半以上，还可能有像腊肉的味道；而深色皮蛋的蛋黄只可能出"溏心"和颗粒感比较强，比较干的"沙心"，且风味更稳定，硫化物和氨气味要浓得多，一般切开之后需要再敞一会儿再吃，黄心皮蛋的口味相比黑心皮蛋而言，更多地保留了蛋的鲜香，适合直接吃，或做皮蛋瘦肉粥。

十五、为什么多用鸭蛋制作皮蛋

首先，鸡蛋和鸭蛋做皮蛋出来效果是不一样的，鸡蛋壳上的气孔密度比较小，不像鸭蛋能够通过气孔吸收腌制的成分，鸡蛋做的皮蛋的蛋白易碎，蛋黄不结实。鸭蛋做的皮蛋的蛋白有韧性和脆劲，蛋黄结实。其次，鸡蛋的外壳比较薄，厚度不均匀，外壳上毛孔的粗细程度也不同，用鸡蛋做的皮蛋品质差异较大，稳定度也不够，制作的皮蛋容易破碎，而鸭蛋的壳更硬更厚，更适合于制作皮蛋，更耐存储、耐运输。

其次，鸡蛋和鸭蛋做出来的口感和状态完全不一样。鸭蛋含有大量脂肪，吃起来会有一股腥味，不管是蒸还是煮，口感都不如鸡蛋，但如果将其制成

皮蛋，就可以很好地掩盖住鸭蛋的腥味，口感能得到大大的提升。一般鸡蛋做的叫变蛋，鸭蛋做的叫皮蛋或松花蛋，鸭蛋做的皮蛋不一定有松花，刚做好的皮蛋，是没有松花的，低温状态下储存时间久了，若成功地产生镁离子的矿物质结晶才会有松花，所以又叫作松花皮蛋。

十六、茶叶蛋和普通的水煮蛋相比，有营养流失么

茶叶蛋是煮制过程中加入茶叶和卤料的一种加味水煮蛋，比普通水煮蛋更多了一些味道，因此受很多人欢迎。很多人认为茶叶蛋是一种营养丰富的食物，但实际上，茶叶蛋的营养价值并不高，茶叶蛋营养已经遭到破坏了，浓茶中含有较多的单宁酸，单宁酸能使鸡蛋中的蛋白质变成不易消化的凝固物质，影响人体对蛋白质的吸收利用，茶叶蛋中不单纯有茶叶，还会有其他调味料，而且鸡蛋长时间浸泡在茶叶中煮，会导致营养流失，水煮蛋营养健康，鸡蛋中蛋白质的氨基酸比例最接近人体，在所有动物性蛋白质中消化吸收率最高。茶叶中含有酸化物质，与鸡蛋中的铁元素结合，会对胃起刺激作用，影响胃肠的消化功能，若每天吃茶叶蛋，会增加肠胃负担，还可能出现消化不良的现象；长期食用茶叶蛋，可能导致贫血，因此，为了健康着想，建议吃水煮蛋，如果喜欢吃茶叶蛋，也不应贪食多吃。

十七、吃蛋黄的时候为什么经常会噎住

水煮蛋可以最大限度地保存鸡蛋里的各种营养成分，但在生活中，爱吃水煮蛋的人并不多，主要是相比于荷包蛋和炒鸡蛋等，水煮蛋的口感较差，其蛋黄吃起来太噎人了。蛋黄含水量少，食物从口腔进入食道需要"润滑剂"——唾液或水，唾液是人体自己分泌的，而水是食物本身具有的，如果水含量少就容易噎着，蛋黄实际上是一种乳化剂包裹的脂肪微粒，这种由乳化剂包裹的脂肪微粒是一种极易吸水的物质，蛋黄软润的假象让我们每次吃蛋黄时都不会仔细咀嚼，唾液未大量分泌时就匆匆咽下，蛋黄此时迅速吸收唾液和水分，膨胀后可能卡在食道中，这时就发生了噎食的现象。

十八、双黄蛋会更具营养价值吗

双黄蛋是由于蛋鸡同时排了两个卵子到输卵管，而又只分泌了一个鸡蛋的蛋白和蛋壳原料，就把两个卵黄聚集在了一个蛋壳里面。这种双黄蛋是如

何形成的呢？我们知道，蛋壳主要的成分是碳酸钙，因此，母鸡所吃的食物里，总会含有大量的钙质，尤其在它产蛋期间，需求量会更多。如果母鸡生产下了双黄蛋，则表示它的生殖系统并不正常，发生这种情形，往往是卵巢机能过分活动，成熟的卵子不断排向输卵管，造成输卵管来不及用蛋白把蛋黄包起来，所以两个蛋黄逐渐靠近，最后被包在同一个蛋壳里，就成了双黄蛋。双黄蛋跟普通鸡蛋相比同样含有丰富的蛋白质、磷脂、胆固醇以及多种矿物质元素等营养成分，但营养素含量总量会高于普通鸡蛋。

很多人喜欢双蛋黄，是觉得它的营养都是双倍的，但有的人一天只能吃一个鸡蛋，就是因为蛋黄中的胆固醇等物质较高，不能摄入太多，这样一来若是吃双黄蛋就等于吃了两个鸡蛋，反而会有不利影响。所以，经过科学的理解，双黄蛋的出现，并不是很神奇的事情，营养价值也只是多了一个蛋黄而已，蛋黄所含的营养会高些，但和普通鸡蛋不会有太大差别。

十九、为什么茶叶蛋要先煮后腌

煮熟能增加壳膜的通透性，便于入味上色，生腌入味慢，不敲碎壳的前提下，蛋完全入味需要15~20天，没必要为了吃茶叶蛋等那么久，而且等生腌入味了，就变成了咸蛋而不是茶叶蛋了。

如果想要提高茶叶蛋的口感和营养，可以注意以下7点。

（一）选择新鲜鸡蛋

选用新鲜的鸡蛋，用水洗干净，晾干水分。新鲜的鸡蛋营养价值更高，口感也更好。

（二）熬制调料汁

将茶叶、盐、糖、花椒、八角等调料（基本的卤肉香料就可以）放入锅中，加入足够的水，熬制20min左右，晾凉备用，这样可以使调料的香味更加浓郁。

（三）腌制过程

将晾干的鸡蛋放入腌制容器中，加入熬制好的汁水，没过鸡蛋，使蛋完全浸泡在汁水中，然后盖上锅盖，中火开煮，锅边缘的水开始冒大泡了，就调成小火，定时煮15min左右，就可以关火了。

（四）泡鸡蛋

鸡蛋煮好之后，在腌制前，趁热用不锈钢勺背轻轻地把鸡蛋敲裂，手腕

用力，不要敲碎，这样卤汁就可以渗透到蛋白中，使味道更加均匀。浸泡的时间要根据料汁的咸度而定，最低咸度是平常炒菜咸度的2倍，少放盐，延长浸泡时间，让鸡蛋更入味，香气会更足。

（五）使用优质茶叶

选择品质好的茶叶，可以提升茶叶蛋的口感和香气，红茶或普洱茶都是不错的选择。最好的当然是红茶，上色快，香味儿浓，如果换成铁观音或普洱等，要放红茶的2倍量才能达到红茶的效果。

（六）适量添加糖分

适量的糖可以平衡茶叶和其他调料的苦涩味，使茶叶蛋的口感更加丰富。

（七）低温腌制

在冰箱中低温腌制可以减缓细菌的生长，保持茶叶蛋的营养和口感。

二十、鸡蛋的最佳烹调方式

鸡蛋营养价值丰富，如果烹调方式不对，营养可能大打折扣。那么到底什么烹饪类型的鸡蛋最适合食用呢？

（一）第一名：水煮蛋

鸡蛋最佳烹饪方式为水煮，关键就在于温度。高温煎、炸蛋可能导致油脂和胆固醇氧化、变质，对身体有害；而水煮的方式，温度最高只有100℃，加热温度低，可减少因加热而流失的营养，营养全面保留，且不会产生氧化的胆固醇，也不需要额外添加油脂。因此，包括蒸蛋、水煮蛋、水波蛋等，都是低脂、高蛋白的营养烹饪首选。煮鸡蛋应该冷水下锅，慢火升温，沸腾后微火煮3min，停火后再浸泡5min。这样煮出来的鸡蛋蛋白嫩，蛋黄凝固又不老，蛋白变性程度最佳，也最容易消化。而煮沸时间超过10min的鸡蛋，不但口感变老，维生素损失大，蛋白质也会变得难消化。

（二）第二名：蒸蛋

蒸对食物营养的影响和煮相似，加热温度较低，核黄素、叶黄素等水溶性维生素损失少，只是相比于鸡蛋汤，因为鸡蛋与水的接触较少，所以鸡蛋羹中可溶性营养素的损失也少一些。鸡蛋羹口感滑嫩，有营养、好吸收。做鸡蛋羹时不要在搅拌鸡蛋的时候放入油或盐，这样蒸出来的鸡蛋羹又粗又硬，也不要用力搅拌，略搅几下，搅拌均匀就上锅蒸，另外，蒸鸡蛋羹时加入少许牛奶，能让其口感更滑嫩，营养含量也更高，蒸鸡蛋羹虽然没有水煮蛋表现优秀，但也是健康烹饪方式之一，不喜欢吃蛋黄的朋友，可以试试蒸鸡蛋羹。

（三）第三名：鸡蛋汤

鸡蛋汤与水煮蛋在营养上差别不大，消化起来也容易，比较适合消化能力较弱的儿童。只是由于鸡蛋被打散，鸡蛋中一部分水溶性维生素、矿物质会有少量损失。

（四）第四名：水煮荷包蛋

加热温度较低，水溶性维生素有少许损失，煮荷包蛋时，水沸时打入鸡蛋，转至小火煨熟，咸味的荷包蛋中可以加入西红柿、青菜等，甜味的还可以加入酒酿、红枣、枸杞等配料。

（五）第五名：煎荷包蛋

煎蛋方便、美味，但相比煮、蒸、炒的做法，煎的做法对鸡蛋中营养的破坏更严重，加热温度高，维生素A、维生素D、维生素E、维生素K等脂溶性维生素和水溶性维生素都有损失，如维生素B_1、维生素B_2损失率为15%，叶酸高达65%。煎蛋最好用小火，油也要少，有的人喜欢把蛋白煎得焦脆，这样不但会损失营养，还有可能产生致癌物。最好只煎一面，蛋白凝固即可，煎鸡蛋的时候，也会额外摄入一些油脂。

（六）第六名：摊鸡蛋饼

加热温度高，所有维生素都有损失，摊鸡蛋用油要少，最好用中火，蛋饼如果摊厚一点，更有利于保存营养。

（七）第七名：炒鸡蛋

炒鸡蛋最好用中火，忌用大火，否则会损失大量营养，还会让鸡蛋变硬，但火太小了也不行，因为时间长了水分丢失多，摊出的鸡蛋发干，会影响质感。相比蒸、煮，高温炒的时候，加热温度高，维生素损失较多，鸡蛋中的脂肪、胆固醇受热，容易氧化并产生一种叫糖基化蛋白的有害物质，不利于健康，而且，炒鸡蛋油多了鸡蛋更蓬松好吃，但是这样就容易吃进太多油。

（八）第八名：茶叶蛋、卤蛋、咸蛋

茶叶蛋和卤蛋容易受细菌污染，B族维生素有所损失。而重口味卤蛋和咸蛋的钠含量非常高。

总之，煎炒不推荐：煎、炒蛋会摄入过多油脂，增加心血管疾病风险，不太推荐经常食用。茶叶蛋一般都要经过长时间煮制，茶叶中的鞣酸会过多

溶解出来，导致鸡蛋的蛋白质变性、妨碍蛋黄中铁质的吸收，刺激胃部产酸。

二十一、鸡蛋到底用不用清洗

煮鸡蛋前要洗，因为鸡蛋表面很可能残留细菌或污物，大多数的鸡蛋都比较脏，表面可能会粘有鸡屎、鸡毛或携带其他细菌，若不清洗干净直接煮，鸡蛋食用的安全性会受到很大影响。煮鸡蛋时，建议先用清水清洗一遍鸡蛋，或是提前在水里放入一些食盐，这样既能够清洁鸡蛋，杀死鸡蛋表面的部分细菌，还能够起到腌制的作用，鸡蛋食用的口感也会更好。煮鸡蛋对于冷水下锅还是热水下锅有一定讲究，一般来说冷水下锅比较好，这样鸡蛋承受的热度也比较均匀，鸡蛋也容易完全的熟透，其中的细菌也能被杀灭，能够在一定程度上保护肠胃道健康。

二十二、什么样的蛋挞好吃

蛋挞要好吃，无非就是两点，一是挞馅香滑，二是挞皮酥松。挞就是"tart"的音译，指露出馅料的馅饼。

要说蛋挞，就先说说蛋挞馅料，蛋挞馅是西方甜点中重要的原料之一，蛋黄与奶油、牛奶是蛋挞馅的灵魂，赋予其浓稠的质感和香滑的滋味，香草、肉桂、肉豆蔻也是蛋挞馅常见的伴侣。国内的蛋挞会清爽许多，口感也像蛋羹一样更加软嫩，因为中式蛋挞常用全蛋液和牛奶做挞液。通常，西方蛋挞奶味更浓郁，口感稠密，而中式蛋挞往往香软嫩滑，浓而不腻。作为蛋挞的另外一个重要元素，挞皮也一样很有门道。蛋挞常见的酥皮，其实是油与面层层交替堆叠的结果。对于葡式蛋挞，挞皮用黄油起酥，口感类似千层酥、蝴蝶酥一类的西式酥饼，奶香更浓；在香港和广东一带，葡式蛋挞经过本土化的改良，通常会用猪油或其他起酥油；在英国，蛋挞皮则更多使用黄油与低筋面粉低温混合成型的挞皮，口感酥松，更加类似曲奇。对于以黄油或猪油开酥的千层酥挞，一般是酥层越多、挞皮越薄口感越好；英式蛋挞，同样以酥为准，虽然英式挞皮制作看似简单，但是讲究的厨师为了保持低温，以防止面粉产生韧性，甚至连用手触摸都明确禁止。

一般酥饼类型的点心口感越酥，配料中使用的油就越多，不过目前很多商家为了降低成本，会用氢化植脂来替代牛奶、奶油以及黄油，这种挞皮口感比较生硬，缺乏酥松或松软的质地，另外，因为氢化植脂含有大量的反式脂肪酸，出于健康角度，少吃为宜。对于最优质的做法，建议使用新鲜的优质鸡蛋，搭配高品质的面粉和奶制品。精心调配配料，确保蛋挞馅料的口感和味道都能达到最佳状态。至于外皮，可选择使用优质的酥皮或挞皮，这样能够保证口感更加酥脆可口。总的来说，蛋挞可以是一种美味的点心选择，而通过选择优质的食材和合适的烹饪方法，你可以确保它在营养和口感上都能够达到最优质的水准。

二十三、蛋黄酥有营养吗

蛋黄酥在中式糕点中属于酥皮类点心，是将水油面团包入干油面团经过擀片、包馅、成型等过程制成的酥类制品，成品成熟后显现明显层次，口感酥脆，颇受消费者喜爱。

蛋黄酥富含淀粉、蛋白质等，适合人在饥饿时当作填饱肚子的食物食用，营养不良、食欲不振的青少年也可以适量食用，很多人在出游或者看电视的时候，都喜欢带上几个蛋黄酥。

蛋黄酥味道可口，殊不知，蛋黄酥热量很高，一不小心就会让你摄入很多额外的热量，若消耗不掉，就会转化成多余的脂肪存积在体内，导致肥胖。研究显示，每100g蛋黄酥就有近$1.68 \times 10^6 J$的热量，相当于慢跑1h，可想而知它的热量有多高，在制作蛋黄酥时，会用到奶油、糖粉、植物油、黄油等高热量的原材料，而且加入的量都不在少数，因此蛋黄酥才会有这么好的口感。一般人群均可食用蛋黄酥，但糖尿病患者、肥胖者不宜多吃蛋黄酥。

二十四、为什么有的冰激凌蛋卷不酥脆

冷饮中的蛋卷冰激凌自面世以来一直深受众多消费者的喜爱，蛋卷的脆性直接反映出其品质的好坏，蛋卷冰激凌类产品长期保脆也是许多厂家及消费者的希望。近年来，许多厂家在市场上推出了涂挂巧克力的冰激凌蛋卷，迎合了部分消费者的需求，同时也在一定程度上延长了蛋卷皮的保脆期限。但涂挂巧克力增大了产品的生产成本。故不少厂家希望能得到不需涂挂巧克力而保脆的产品。

在一个水分含量均一的体系中，如果出现温差，那么冷端的水分就可能凝结，热端的水分会扩散入冷端，如果温差一直存在，那么冷端的水分含量就会增大。如在烤面包时，面包烤熟后，面包的中心温度最低，而其中心的

水分含量会比入炉前提高3%左右；在粮食储藏中，如垛堆中一直存在2~4℃的温差，这个较小温差的存在往往会使局部水分含量过高而引起霉变，造成经济损失；在冷饮生产中。冰激凌的出料温度一般为-5℃左右，速冻温度为-30℃左右。冰激凌灌入蛋卷进入速冻隧道后，会形成一个由冰激凌中心至蛋卷表面的温差，这一温差会使水分从冰激凌中心向蛋卷转移，在贮存过程中，库温的波动对产品也有影响，当库温高于冰激凌产品时，冰激凌中的温差不能使水分由蛋卷迁移至冰激凌中心，因为蛋卷是由淀粉、油脂、蛋白质、细小的白砂糖颗粒等构成，它们和水紧密结合，但当库温低于冰激凌的温度时，将会使水分从冰激凌再次转移至蛋卷，蛋卷吸收从冰激凌中心转移来的水分，这对于其脆性是毁灭性打击，由此可见，如果在冰激凌与蛋卷之间没有有效的隔水层，蛋卷的吸水变软是不可避免的。

当含糖量逐渐增大时，贮存后的蛋卷脆性反而下降；但当含糖量过高时，脆性会有所上升，此时的蛋筒皮结构致密，水分不易透过，表面较脆，能达到长期保脆的目的，当含糖量越来越高，冷却后的蛋筒皮非常脆，在运输途中易碎，由此可见，选择合适的含糖量显得尤为重要，蛋卷配方中使用白砂糖含量越大，蛋卷的脆性越好，但是如果含量超过26%（干基），会造成蛋卷易碎而不利于运输；而添加鸡蛋的蛋卷在冷藏后明显吸水受潮，口感发软，不松脆。可见，蛋卷中蛋白质含量直接影响蛋卷的脆性，而且蛋白质含量越大，脆性降低越快，越明显，因为配方中面粉也含有一定量的蛋白质成分，蛋白质含量越大，蛋卷吸水性越强，因此，在保证蛋卷营养成分不损失的前提下，应适当调整蛋卷配方中的蛋白质含量。

第五章
鸡蛋安全品质问答

一、喷码机油墨喷在鸡蛋上的标识会对人体产生危害吗？如何巧妙去除

蛋类喷码主要是用来反映蛋品的生产日期、品质等级、蛋类的大小、质量，甚至烹饪方法和营养成分信息以及跟踪防伪码。通过蛋品上标识信息，一方面可以识别出生产商、原产国和生产方法（即散养、圈养或笼养），另一方面也为产品的监控和召回提供了可能。也有一些会利用鸡蛋表面的"空白处"来插入促销/季节性的广告、品牌图案以及合作广告。由于喷码已成蛋类市场的一大趋势，因此现阶段蛋类喷码设备也逐渐开始在中小型企业普及。

随着食品安全呼声的日益高涨，在食品或食品包装上显示产地、生产者、生产日期和保质期限等信息显得越来越有必要。同时，人们对食品包装材料及用于食品和食品包装印刷的油墨有了更高的要求，特别是与食品直接接触的油墨。然而，传统油墨的配方中含有大量对人体有害的成分，如甲苯、二甲苯等，它们对人体健康造成严重威胁。在这种情况下，使用食用材料和食品添加剂制造的可食用油墨就显得非常必要。

很多人去买鸡蛋，都会优先选择带有喷码标识生产日期、保质期的鸡蛋。回家后煮鸡蛋担心鸡蛋上的喷码标识的颜色。超市的盒装鸡蛋的蛋壳上大多打着醒目的红色编码，在超市购买的鸡蛋煮熟后，蛋白上也有红色印记，这样的鸡蛋吃了对健康有无影响？

图5-1　带红色可食用油墨的鸡蛋

有专家对市场上销售的喷码鸡蛋所用油墨着色剂及溶剂进行了定性分析，发现鸡蛋喷码油墨着色剂大多数为食品级赤藓红和亮蓝，所用溶剂均为GB 2760—2024《食品安全国家标准　食品添加剂使用标准》中允许使用的丙酮或乙醇，能够随着喷码油墨在鸡蛋上标识的过程逐渐挥发，不会对人体产生危害。同时，通过定量分析，确定了所用食品级着色剂的含量均低于国家标准规定的允许在食品中使用的限值，理论上不会对人们的安全食用造成风险；个别企业采用主要用于油脂、蜡烛、橡胶、塑料和透明漆着色用的溶剂红49进行鸡蛋喷码，其不属于食品安全国家标准规定的允许使用的食品级着色剂，在喷码鸡蛋中的使用可能会给消费者的身体健康带来安全隐患。

那么生鸡蛋上的这些喷码是否能够去除呢？

（一）实验一：酒精

将几支棉签浸泡在一瓶含75%乙醇的消毒液中，然后在蛋壳的编码上进行擦拭，擦拭5min之后，编码的颜色淡了一些，棉签上也沾上了少许红色。继续擦拭数分钟后，编码的颜色没有继续减淡，棉签也没有变色，鸡蛋上的编码还能辨认出具体数字。

（二）实验二：开水

在鸡蛋编码处用开水冲洗，颜色没有变化。用一支棉签蘸取刚烧开的热水在蛋壳的编码上进行擦拭，擦拭5min后，编码的颜色被擦去大半，棉签也几乎染成红色。继续擦拭数分钟后，编码的颜色几乎全部被擦去，但能明显地看出，蛋壳的缝隙、孔洞中残留少量红色，鸡蛋上的编码数字无法辨认。

（三）实验三：食醋

棉签蘸取食醋在鸡蛋壳的编码上进行擦拭，不到1min，编码便被擦去了大半。继续擦拭2min后，编码全部被擦去，蛋壳上干干净净，只能看到残留的食醋。将鸡蛋用水冲洗后，上面没有任何编码痕迹。

通过上述实验可知，使用食醋就可以将喷码机油墨喷在鸡蛋上的标识去除干净了。

二、什么样的人群不适宜吃鸡蛋

在营养学界，鸡蛋一直享有"全营养食品"的美称。可现实生活中，很多人吃鸡蛋只吃蛋白，大量蛋黄被扔掉，很是浪费。原因是人们认为蛋黄会升高胆固醇，危害心脏，其实对于正常人来说这是多虑的。从膳食多样化、控制蛋白质和脂肪摄入等方面考虑，建议健康成人每天吃1个鸡蛋，蛋白、蛋黄都要吃，偶尔一天吃三四个也可以。但对于一些特殊人群，吃鸡蛋则要注重一些要点。

高脂血症患者。这类患者对胆固醇的调节能力相对较弱，因此要限制胆固醇的摄入。临床研究发现，对于高脂血症患者来说，每周吃3~4个鸡蛋对血胆固醇影响微乎其微，所以高脂血症的人可以每天吃半个蛋黄。但如果吃了其他胆固醇含量比较高的食物（如动物肝脏、奶油、肉类），建议只吃蛋白不吃蛋黄。

胆囊炎患者。1个鸡蛋含脂肪5g左右、含胆固醇276mg，只要不是急性发作期，单纯胆囊炎患者可以吃鸡蛋，但要注意吃法，最好是煮、蒸等不加油脂的烹调。想要全面摄入鸡蛋营养，又不想刺激胆囊，还可以把鸡蛋分散到其他食物中，少量、多次地吃。胆囊炎的急性发作期则不建议吃蛋黄。

对鸡蛋过敏的人。一般来说，对鸡蛋过敏主要是对蛋白中的卵白蛋白过敏，如果过敏严重，甚至连用鸡胚生产的疫苗也不建议注射，避免引发过敏反应。

此外，幼儿约7个月大时可以添加鸡蛋和鱼肉作为辅食。排除食物过敏的情况，蛋白和蛋黄都应被推荐食用。鸡蛋富含胆碱（一种营养素，作用接近于维生素B）和二十二碳六烯酸，这两种营养成分有助于婴幼儿成长初期脑神经细胞及组织的发育。专家建议，最初可以在宝宝的午餐中添加1/4个煮鸡蛋，在9~12个月时可以增至1/3，从2岁开始可以吃1/2个煮鸡蛋。

孕期女性、哺乳妈妈、健身增肌人士、青少年、蛋奶素食者等人群，如果身体健康，没有血糖和血脂异常问题，可以一天吃两个鸡蛋。对于痛风患

者而言，鸡蛋富含优质蛋白质，又几乎不含嘌呤，是非常好的营养来源，也可以每天吃1~2个。

三、鸡蛋壳的颜色会影响其食用安全吗

对于鸡蛋而言，蛋壳颜色主要有白色、褐色、粉色、红色、绿色等（图5-2）。组成蛋壳颜色的色素包括：原卟啉、胆绿素、胆绿素锌螯合物等。在绿色蛋壳中胆绿素、胆绿素锌螯合物的比例更大，褐色和粉红色蛋壳中含更多的原卟啉-IX，而少量的胆绿素几乎不会对褐色蛋壳颜色有影响，白色蛋壳含有极少量或完全没有任何色素。色素种类与比例的不同决定了蛋壳颜色的差异，蛋壳色素沉积量不同决定了蛋壳颜色的深浅不同。

图5-2　不同蛋壳颜色的鸡蛋

蛋壳的颜色与蛋壳强度和厚度有关，与蛋的质量、蛋黄中的抗氧化剂、孵化率之间也存在关联，这些因素可以提高后代的繁殖和表型，还能直观反映鸡的生理健康状况与环境应激水平，因为疾病或环境应激都会影响蛋壳色素的合成，最终导致鸡蛋壳颜色变浅，相较于其他指标，蛋壳颜色可以更直观地表现鸡蛋质量、产蛋母鸡的生理状态。育种者通过观察蛋壳颜色能及时采取有效措施，更好地掌控蛋鸡生产过程。

影响蛋壳颜色的因素：

（一）遗传因素

禽类蛋壳颜色的遗传力较高，且壳色性状受多基因影响。一般来说，凡经过长期选育的鸡种，壳色深浅相对固定，但现代商用的褐壳蛋鸡则因蛋壳颜色存在着遗传变异，在壳色一致性上还不理想，主要原因是品系间杂交。

（二）周龄因素

蛋壳颜色会随着母鸡年龄的增长而逐渐变浅，衰老会使子宫内膜纤维化和萎缩，使蛋壳腺的功能减退，这也可能是蛋壳颜色变浅、蛋壳腺合成色素含量下降的原因。

（三）营养因素

营养的改善有助于增强蛋壳颜色，饲料中钙、磷等不足或营养不均衡，都可能导致蛋壳颜色发生变化，这可能与改善或提高蛋鸡子宫中腺体分泌和沉积的色素量有关，或是将鸡体从亚健康或病态中解放出来。饲料中钙、磷等不足或营养不均衡，都可能导致蛋壳颜色发生变化。钙是蛋壳的主要成分，当鸡体内缺乏钙时，会直接影响蛋壳中钙的沉积，导致蛋壳色素沉积不均匀；当饲料中过度补充磷元素导致体内磷含量过高时，钙的吸收过程会受到抑制，从而影响蛋壳的形成；铁参与血红素的形成，饲料中添加一定量的铁能使蛋壳颜色变深，添加钒和镁则可使蛋壳颜色变浅等。

（四）应激反应

外界环境的变化会引起机体的激素释放紊乱或其他应激反应，使机体多器官的生理状况发生改变。对于蛋鸡而言，一些外界应激因素引起的生理反应可能会干扰蛋壳腺表皮细胞合成角质层，影响蛋壳色素的沉积程度，进而影响蛋壳颜色。鸡对外界环境非常敏感，噪音、饲养密度变化、运输操作、日常管理操作、疫苗注射、温度突然变化、光照不稳定等因素都可能引起蛋鸡应激反应。这些应激因素可以引起蛋鸡体内肾上腺素等激素的释放，肾上腺素进入血液后可导致母鸡排卵推迟，蛋壳腺停止合成角质层，无定型碳酸钙附着在蛋壳上，形成蛋壳颜色偏浅的鸡蛋。

（五）药物因素

产蛋期内长期使用某些药物，如抗球虫药物尼卡巴嗪等，会影响蛋壳色素分泌和沉积，导致蛋壳颜色变浅，可导致产褐壳蛋的鸡产下白壳蛋。金霉素、磺胺类、喹乙醇等药物也具有减少色素沉积的作用。过度使用氯霉素、红霉素等抗生素会严重损伤鸡内脏器官功能，抑制体内蛋壳色素的合成，使

蛋壳颜色变浅。

（六）疾病感染

许多疾病会影响色素的沉积，如新城疫病毒对黏膜的特异性亲和力，导致生殖道受损。传染性支气管炎病毒使母鸡的蛋壳腺线粒体计数明显降低，输卵管发生病变，这些都能中断色素合成和分泌。鸡白痢、大肠杆菌病使母鸡消化功能紊乱，造成合成蛋壳色素所必需的营养成分缺乏，导致蛋壳颜色变浅。

（七）环境因素

影响蛋壳颜色的环境因素大多通过机体应激反应或其他反应发挥作用：如夏季持续高温，会引起鸡大量饮水及采食量下降，可能因营养摄入不足而影响蛋壳颜色；秋冬季温度变化或强烈阳光照射引起的应激也会使蛋壳颜色变浅；光照不稳定会影响蛋鸡的钙磷代谢，光照时间不足导致蛋壳易破损，蛋库中光照过强会使蛋壳颜色变浅。

不同的蛋壳颜色与蛋壳厚度、蛋壳强度有一定的关联性，但是蛋壳颜色的形成机制与蛋黄、蛋白等营养物质的形成机制无相关性，与鸡蛋的营养成分没有必然联系，也不会影响其食用安全。

四、鸡蛋中允许添加色素吗？在鸡饲料里加色素对鸡蛋的安全有影响吗

色素添加剂从作用上分为两种：一种是只改变饲料外观的颜色，能够刺激畜禽食欲，它们不在畜禽体内和蛋黄中沉积；另一种是能够在鸡体内转化并沉积的色素，即类胡萝卜素。类胡萝卜素是多烯色素的总称，按结构分为胡萝卜素类和叶黄素类。胡萝卜素类的色素有 α-胡萝卜素、β-胡萝卜素、γ-胡萝卜素，均是维生素A原，在体内可转化为维生素A，对蛋黄的着色作用受其转化率的影响，一般认为着色效果不明显。叶黄素是胡萝卜素的含氧衍生物，这类化合物无论是天然来源还是人工合成来源都能被吸收，最终沉积在鸡体组织和蛋黄中。目前，已知的几百种类胡萝卜素的衍生物中仅有少数几种可增加蛋黄的着色，主要有以下几种：含40个碳原子的碳氢化合物 β-胡萝卜素，具备含氧功能基如羟基、酮基、酰基的类胡萝卜素的衍生物，如辣椒红、斑蝥黄（角黄素）。

类胡萝卜素含有600多种色素，广泛分布于自然界。在野生状态下或传

统的饲养方式条件下，鸡群可以自由地采食玉米、昆虫，自由接触绿色草地，有足够的草料，以及较低的产蛋量，使鸡群有较为充分的类胡萝卜素摄入，蛋黄呈现很强烈的橘黄色（图5-3）。当前产蛋体系已经使料蛋比显著降低，因而饲料添加空间有限，只靠日粮中天然原料所含的色素使蛋黄着色，效果未必理想，天然色素制品大多以植物、微生物、甲壳纲动物为原料提取后，用明胶和碳水化合物等包覆，以保护其有效成分。天然色素制品的原料来源有草本类（如金盏菊、万寿菊花瓣粉、海藻粉等）、木本类（如松针粉、槐叶粉、银合欢叶粉等）、农作物类（如黄玉米、红辣椒、胡萝卜、大豆叶等）、动物类（如蜗牛粉、虾壳粉、蟹壳粉、鳟鱼粉等）。人工合成色素也是色素添加剂另一重要来源，一般采用人工合成的氧化类胡萝卜素，如β-阿朴-8′-胡萝卜醛、阿朴酯（β-阿朴-8′-胡萝卜乙酸酯）、斑蝥黄（角黄素）等。这些都已有商品生产，可在家禽日粮中添加使用。

图5-3　橘黄色的蛋黄

食品添加剂中着色剂的安全性备受关心，尤其代替类胡萝卜素的合成色素最受注目。饲料添加剂用的着色剂，是以饲料为媒介，移转至畜产品内，最后还是人以食品形式使用，因此对其安全性也应做通盘考虑。在我国农业农村部第2625号公告《饲料添加剂安全使用规范》，允许在家禽饲料中添加使用的着色剂有β-胡萝卜素、辣椒红、β-阿朴-8′-胡萝卜素醛、β-阿朴-8′-胡萝卜素酸乙酯、斑蝥黄、天然叶黄素（源自万寿菊）等。

五、蛋黄越黄越好吗

蛋黄是鸡蛋风味物质的主要载体，是影响蛋品质的重要因素，是消费者

主观评价蛋品质优劣的一项指标。然而由于规模化养殖以及育种技术的提高使蛋鸡在产蛋量提高的同时蛋黄颜色变浅，而我国消费者普遍喜欢蛋黄颜色偏深的鸡蛋（图5-4），多偏好金黄色或橙红色的蛋黄，常将其作为区别草鸡和笼养鸡的重要标志。蛋黄颜色分级是按照罗氏比色扇的色泽等级对蛋黄进行比色、分级的。该种比色扇已被认可为国际蛋黄品质标准，共有15种不同颜色的扇条。颜色越深越鲜艳的等级越高，我国规定蛋黄颜色要达到三级以上。国际要求出口的蛋黄颜色要求达到8级及8级以上的标准。一般认为草鸡的蛋黄颜色较深，而笼养鸡的蛋黄颜色较浅，因此蛋黄颜色深的鸡蛋价钱较高。我国养殖市场中根据市场喜好，常在笼养蛋鸡饲料中添加外源物，使蛋黄颜色加深，提高经济效益。

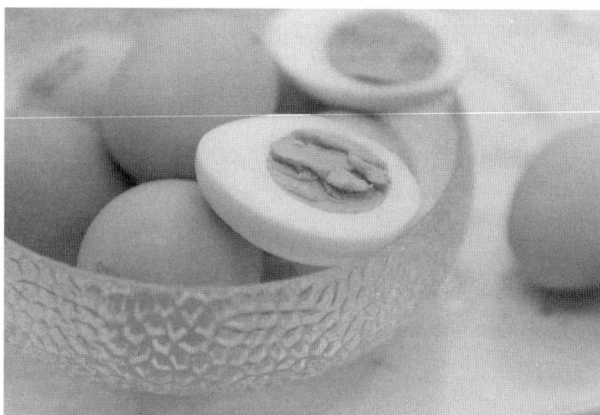

图5-4　颜色偏深的蛋黄

蛋禽本身不能合成色素，蛋黄的颜色与饲料中的类胡萝卜素有关。类胡萝卜素带有含氧功能基（羟基、酰基、酮基），它包括叶黄素、番茄红素和玉米黄素等。食物中的类胡萝卜素转化为蛋黄的着色物质的过程比其他营养物质的代谢过程要简单的多，这是因为这个过程中类胡萝卜素的基本结构并未改变。饲料中的类胡萝卜素以棕油酸二酯的形式存在，主要是与低密度脂蛋白结合，在十二指肠、空肠、回肠等部位被吸收，吸收后的类胡萝卜素以游离状态进入血液，随血液循环进入鸡的皮肤、脂肪、脚趾和蛋黄等组织并重新转化为棕油酸二酯沉积下来，使之呈现出人们喜欢的蛋黄颜色。蛋的着色分为饱和过程和增色过程两个阶段。类胡萝卜素经肠道吸收后，在输送过程中有的直接沉积于蛋黄中，有的则经过异构化、氧化还原、乙酰化、皂化等反应再沉积于蛋黄中，这些反应在消化吸收过程中、肝脏及蛋黄形成过程中均有发生。因此沉积在蛋黄中的类胡萝卜素，在颜色上与饲料中的类胡萝卜素可能相同也可能存在差异。试验表明，各种类胡萝卜素的沉积率与着色效果是不同的，蛋黄的着色物质往往不止一种类胡萝卜素，蛋黄的着色程度也不是由一种类胡萝卜素决定的。

科学界的共识是：蛋黄的颜色，跟其营养价值无关。不过，消费者并不接受这一共识。如果蛋黄色度低于9，消费者就会觉得鸡蛋品质不高。消费者愿意接受的色度为9~12，如在12以上会被当作优质鸡蛋而倍受欢迎。以蛋黄为原料的食品，如烘焙食品、意大利面和蛋黄酱，如果色度不够，易被认为是加的鸡蛋不足。

从营养学角度说，消费者的认知是一种误解。但食品行业的生存之道是满足消费者需求，因此如何改变蛋黄的颜色，就成了禽蛋生产中的一大课题。蛋黄颜色来源于脂肪中的色素。理论上说，任何脂溶性的色素都可改变蛋黄的颜色。蛋黄中的色素含量和种类与饲料密切相关。鸡饲料中叶黄素、玉米黄素和隐黄质是主要的色素类型。不同色素的沉积效率和呈现出的颜色不尽相同，这就使得蛋黄颜色随着饲料的差异波动很大，哪怕是同一只鸡下的蛋，色度也可能相差几个等级。可见，只要操控饲料，"洋鸡蛋"可以得到同样甚至更深颜色的蛋黄。

六、鸡蛋的保鲜期是多长时间？影响保鲜期的因素是什么

相关研究表明，鸡蛋在25℃环境下贮存过程中，每隔5天，参照GB 4789.2—2022测定新鲜鸡蛋蛋壳和蛋内容菌落总数，到20天时结束。结果表明在第15天鸡蛋蛋壳表面细菌呈现急剧增长的趋势，在第10天，蛋液细菌呈现增长趋势。这表明随着鸡蛋贮藏时间的延长，鸡蛋蛋壳及内容物菌落总数不断增加，蛋壳表面细菌总数变化比内容物变化快。

鸡蛋保鲜就是最大限度延缓内部腐败变质过程。鸡蛋的主要变质因素为外界环境、鸡蛋内部CO_2与水分的散失及微生物的污染。在贮藏期间，蛋壳表面的微孔在气体交换的同时，也会不断散失水分和二氧化碳，导致pH升高、蛋白质加速分解，这也为外界细菌入侵提供了机会，进一步加剧鸡蛋新鲜度的降低。鸡蛋保鲜的关键在于控制鸡蛋内外环境，降低蛋壳孔的气体交换速率，减少水分散失，防止外源微生物的入侵。因此，鸡蛋保鲜需尽量保持鸡

蛋蛋壳及胶护膜的完整，控制好贮藏环境，最大程度减少微生物感染入侵。

影响鸡蛋保鲜的因素主要有以下几种：

（1）储前蛋龄的长短：储前的蛋龄是制约鸡蛋储存保鲜效果最关键、最重要的因素。这是因为鸡蛋产后自然环境中氧气含量丰富，氧气通过蛋孔进入蛋内，使蛋内氧分压增大，对蛋内氧化分解酶的活性有激活作用，酶活提高，会引起蛋清、蛋黄内蛋白质等大分子化合物的分解，产生CO_2和水等，使浓蛋白变稀，蛋黄系数下降，并发生散黄现象。有研究表明，新鲜鸡蛋在产后6～9天，各项鲜度指标变化最快，因此，尽量缩短鸡蛋的储前蛋龄是鸡蛋保鲜技术的关键。

（2）鸡蛋储前的外部细菌污染状况：储藏过程中防止外部细菌的入侵是实施保鲜手段的主要目的之一，然而所有保鲜效果都不能百分之百阻止外部细菌的入侵。因此，鸡蛋在保鲜储存前，应尽量提高蛋壳外部的洁净度，减少外部污染菌的生长及数量，进而降低入侵细菌的基数，减少细菌的入侵量，提高保鲜技术的保鲜效果。

（3）涂膜后的干燥方式：鸡蛋在涂膜后的干燥方式会影响涂膜的厚度和均匀度，进而影响鸡蛋的保鲜效果。因此，涂膜后选用合适的干燥方式，对于充分发挥涂膜保鲜技术的保鲜效果十分重要。

（4）涂膜后的干燥时间：鸡蛋涂保鲜液后，干燥时间的长短会影响后期鸡蛋的保鲜效果。适当延长干燥时间，可以有效提高保鲜液的干燥效果，提高其成膜的均匀性和完整性，进而有效延缓鸡蛋哈夫值的降低趋势。干燥时间的延长对鸡蛋的蛋黄指数和蛋清的pH无显著影响。

（5）涂膜后的干燥温度：鸡蛋涂保鲜剂后的干燥温度，也会对其保鲜效果产生影响。研究表明，鸡蛋涂保鲜剂后，适当提高干燥温度，会在一定程度上延缓鸡蛋哈夫值降低的趋势，且对鸡蛋蛋黄指数和蛋清pH无显著影响。但干燥温度并非越高越好，如果干燥温度过高，会对鸡蛋内的蛋白质产生影响，使其发生不同程度的变性。通常采用50℃进行干燥的效果最佳。

（6）储藏环境温度：鸡蛋储存环境温度对其保鲜效果影响非常大。研究表明，当储存温度超过38℃时，会使蛋内一些不耐高温的蛋白质变性，促进蛋内的某些酶促反应，导致鸡蛋品质发生变化。此外，高温还会促进环境中微生物的繁殖，增大了外部微生物侵入鸡蛋的可能性。

七、可生食鸡蛋真的可以生吃吗？如何食用可生食鸡蛋

2021年10月12日，中国可生食鸡蛋标准峰会在北京召开，中国首个《可生食鸡蛋团体标准》正式发布，市面上大部分生产可生食鸡蛋（图5-5）的品牌宣传几乎都以"确保不含沙门氏菌"作为主打亮点，可见可生食鸡蛋区别于普通鸡蛋的最大特点就是对微生物污染程度的严格要求。

根据GB 2749—2015《食品安全国家标准　蛋与蛋制品》、GB 31650—2019《食品安全国家标准　食品中兽药最大残留限量》等食品安全国家标准的规定，覆盖污染物项目、微生物项目和兽药残留项目，涵盖了近几年国家抽检重点检测的指标，以及国标尚未制定限量要求但仍有污染风险的指标。主要包含以下3个方面。

图5-5　可生食鸡蛋

一是污染物指标，包括铅、镉、汞。食品中的污染物是影响食品安全的重要因素之一。这些重金属污染物通过食物进入人体，干扰人体正常生理功能，危害人体健康。GB 2762—2022《食品安全国家标准　食品中污染物限量》中对鲜蛋中的铅、镉和汞都指定了限量。

二是微生物指标，包括菌落总数、大肠菌群、沙门氏菌、金黄色葡萄球菌和单核细胞增生李斯特氏菌。微生物污染会影响可生食鸡蛋的食用安全，一些食源性致病菌还会引起食物中毒。具体指标可以参照GB 2749—2015《食品安全国家标准　蛋与蛋制品》和GB 29921—2021《食品安全国家标准　预包装食品中致病菌限量》。

三是兽药残留，包括氟甲砜霉素（氟苯尼考）、恩诺沙星（以恩诺沙星与

环丙沙星之和计）、金刚烷胺、甲硝唑和磺胺类等8项。企业是产品的第一责任人，要继续牢牢守住安全底线，做好从生产到交付给消费者的过程中每一个流程的管控，确保消费者的生命财产安全。

可生食≠必须生食。消费者应按需购买，避免盲目跟风。如消费者对可生食鸡蛋确实有需求的，需注意以下三点：一是选购大品牌，质量有保证，标准更严格；二是妥善储存，并在有效期内食用，以免人为造成二次污染；三是适宜人群须分清，体质较差、脾胃功能较弱的老人与儿童，建议尽量食用熟制的蛋制品。

八、为什么会造成破损蛋

根据美国农业部的标准，外在蛋品质量是根据蛋壳质地、颜色、形状、完整度和清洁度来判断的。蛋壳应当光滑、清洁而且无破损。蛋壳的颜色、大小和形状应当均匀。蛋品工业中主要有5类蛋壳质量问题：因压力过大而破裂；因蛋壳薄而破裂；蛋体上有纹路；蛋壳上有颗粒或小洞；无壳蛋。

蛋壳质量是鸡群健康的一个重要标志。在正常情况下，蛋壳表面应该是洁净光滑、色泽新鲜、钙质均匀、结构完整且有韧性，相互间即使轻轻触撞也不致出现裂痕，这种情况下的鸡群，无论免疫力还是抗病力，都处在机体最佳状态。通过走访养殖场发现个别鸡场的蛋壳质量存在或多或少的问题，如软壳蛋、薄壳蛋、沙皮蛋、畸形蛋、破损蛋、褪色蛋等异常情况，不仅影响蛋品质量，还直接影响市场销售和经济效益，同时也预示着鸡群或者饲养管理环节可能有潜在的问题。

蛋壳厚度对破损率有很大影响，褐壳蛋鸡正常蛋壳厚度＞0.35mm，高于白壳蛋。壳厚0.38~0.40mm时破损率为2%~3%，壳厚0.30~0.27mm时破损率可能高达10%。同品种蛋鸡蛋壳厚度一般取决于鸡蛋在子宫部的停留时间，以及这一过程中钙的供应情况。

破损蛋的发生原因和控制措施如下：

（1）鸡群年龄增加：应在效益允许的条件下使鸡群年龄尽可能小。

（2）营养不良分级：确保鸡群的营养摄入量合理（特别是钙和维生素D_3）。应细心处理混合饲料，避免不同组分出现分级。在使用螺旋式自动喂料系统时特别需要检查这个方面。

（3）水中的盐分：饮水的脱盐、淡化，或不使用盐分含量有问题的饮水。

（4）疾病（如传染性支气管炎）：采用有效的免疫程序。

（5）鸡舍温度高：利用喷雾器、风扇、屋顶喷头、白色的屋顶、隔热与良好的通风来控制环境温度。

（6）蛋鸡喙和爪子引起的机械损伤：为防止蛋鸡吃蛋，确保蛋鸡接触不到集蛋转盘上的鸡蛋，通过修改鸡笼上的设计防止蛋鸡接触鸡蛋，降低蛋鸡爪子引起的鸡蛋损伤。鸡笼底部的斜度和构造应让鸡蛋能够自由滚落到集蛋托盘上。

（7）收蛋频率不足：每天至少收蛋两次。

（8）粗暴处理：不要用铁丝网篮收集鸡蛋。当叠箱中装满鸡蛋时，在底部放一块空心填片，装满鸡蛋的叠箱放在上面。这种两层底可以更好地支持叠箱的质量。避免6个以上的叠箱堆叠起来。抬起和搬运叠箱时要小心。将大个的鸡蛋放在叠箱的上部。通过以下方式降低机械操作过程中的影响程度：给金属鸡蛋导轨加保护垫；保持鸡蛋的滚出角度在7°~8°之间；在任何时候都要将输送到交叉传送带上的鸡蛋列数降至最低。训练员工在集蛋和包装时要小心处理鸡蛋。

九、检验不合格的鸡蛋，是否可以食用

鸡蛋产品经检验被判定为不合格的因素很多，既有因数量或质量不合格、包装或标签不合格等与鸡蛋产品品质无关的因素，也有因超过保质期、品质指标不合格及安全指标不合格等对鸡蛋品质有一定影响的因素。

因数量或质量不合格、包装或标签不合格等因素导致鸡蛋检测不合格，由于鸡蛋品质本身不存在问题，所以鸡蛋对人体健康不存在危害。

对超过保质期的鸡蛋，要根据超过保质期的时间长短加以区分。如果超过保质期的时间较短，仅仅是鸡蛋的风味等非品质和安全因素发生变化，就不一定有害；如果是超过保质期的时间较长，导致鸡蛋品质或安全因素等发生了变化，则食用此类鸡蛋存在一定的风险，可能会对人的身体健康产生不良影响。

对于因蛋白质、脂肪、卵黄素、卵磷脂、维生素、铁、钙和钾等品质指标达不到国家规定的标准而造成检测不合格的鸡蛋，是鸡蛋的营养成分没有达到国家标准规定的要求，但不会对消费者身体健康造成危害。

对于因品质分级不合格的鸡蛋，根据团体标准T/CAAA 092—2022《鲜鸡蛋　品质与分级》外观要求：有可见的污损，气室高度大于8，产后时间大于28天和哈氏单位小于60，符合以上指标中任意一项要求，则为不合格鸡蛋。因为团体标准要求较高，鸡蛋的质量没有达到规定的要求，但不会对消费者

身体健康造成危害。

对于因菌落总数、大肠杆菌数、沙门氏菌数等微生物和氟苯尼考、恩诺沙星等药物残留超过国家规定的标准而造成检测不合格的鸡蛋，根据GB 31650—2019《食品安全国家标准 食品中兽药最大残留限量》规定，恩诺沙星、氟苯尼考不得用于产蛋期的家禽，日常监管中一般以不得检出为判断合格标准。GB 31650.1—2022《食品安全国家标准 食品中41种兽药最大残留限量》，允许鸡蛋中恩诺沙星、氟苯尼考的最大残留限量为10μg/kg，因为标准的制定一般都会留有"安全余地"，所以只能说不符合国家标准的鸡蛋会有引发健康问题的风险，但不会有即刻的健康危害。

十、吃松花蛋会铅中毒吗

禽蛋加工成松花蛋后，蛋内一部分蛋白质分解成简单蛋白质，更易于被人体消化吸收，同时禽蛋的色、香、味等品质也得到了大幅度改善。

传统松花蛋在制作过程中都会加入黄丹粉，以此来生成美丽的松花而赋予松花蛋美观，但这种做法难免会将一定量的铅及其他重金属元素带入松花蛋中，影响产品的品质。消费者若长期食用松花蛋，难免会使重金属元素在体内富集，对人体造成危害。现代技术用硫酸铜等代替了黄丹粉的使用，从而生产出标注"无铅"的松花蛋，根据国家规定，每1000g松花蛋铅的含量不得超过3mg，符合这一标准的松花蛋就可以叫作无铅松花蛋了。在安全范围内，"无铅"松花蛋比"有铅"松花蛋更安全。

十一、蛋壳上的斑点会影响食用安全吗

目前，市场和养殖场中的鸡蛋壳表面广泛出现暗斑现象（国内学者称之为"薄斑""暗斑"或"底斑"），蛋壳外观品质下降，商业价值降低。在鸡蛋产出后储藏一定时间，蛋壳表面出现一种肉眼可见、色泽灰暗或浅褐色的斑点。蛋壳刚形成暗斑时，蛋壳表面光洁度与普通蛋无异，但通过透视法观察会发现暗斑处形成大小不一、形状各异的斑块。通常暗斑蛋在刚产出的鸡蛋中出现比例小，肉眼辨别不出，但个别蛋可通过透视法观察到暗斑。在储藏过程中，有些蛋壳会出现暗斑点并逐渐增多，通常室温放置1周后，肉眼可以比较清晰地看到一些暗斑。不同的暗斑鸡蛋，暗斑的分布规律有差异，有些蛋壳多有些蛋壳少；暗斑位置也不固定，有的在蛋壳钝端多一些，有的在锐端或赤道密集一

些，有的则是周身均匀分布。暗斑蛋之间的暗斑大小、数量和分布规律也差异很大，一般是以蛋壳表面暗斑总面积和蛋壳总表面积比值衡量暗斑严重程度，或是从数量角度对暗斑蛋进行分级，有3分制评分系统、4分制评分系统和6等级评分系统。

蛋壳暗斑的形成受遗传、饲料、温度、湿度等多种因素影响，而且暗斑蛋对鸡蛋品质的影响也是多方面的。在贮藏期间，暗斑蛋失水速度较正常蛋快，且暗斑覆盖率越高，越容易受微生物污染，使鸡蛋贮藏期缩短，新鲜度下降。张铭容等研究结果表明，暗斑蛋的失重率、蛋清pH均较正常蛋大，且暗斑覆盖率越高，鸡蛋失重率和蛋清pH越大，相对密度、蛋黄指数和哈氏单位越小。高金波等研究结果表明，暗斑蛋的哈氏单位、蛋白高度极显著低于正常蛋，但蛋形指数、蛋黄比率和蛋黄颜色与正常蛋几乎没有差异。暗斑蛋壳的壳膜厚度、内膜及3层总厚度也极显著低于正常蛋壳。姜明君研究结果表明，暗斑比例和蛋重呈负相关。上述研究结果表明，暗斑蛋对鸡蛋的大多数物理性状改变比较小，对某些化学性状有比较大影响，如微生物活动改变营养成分，加快腐败，且随时间延长而加重。

鸡蛋壳暗斑是蛋壳质量下降的表现之一。鸡蛋壳暗斑是指蛋壳表面多处表现出的肉眼可见、色泽深暗的斑点。暗斑鸡蛋表面光洁度正常，经透视法观察，鸡蛋暗斑处透光性强形成亮斑。暗斑大小不一，形状各异，在刚产出的鸡蛋中出现概率很小，但随着贮藏时间的延长，暗斑会在部分鸡蛋壳上出现并逐渐增多扩大。暗斑易在浅壳蛋中观察，随着蛋壳颜色变很浅或变很深，暗斑会变得不明显。不同的暗斑鸡蛋，其蛋壳的暗斑覆盖率差异很大，有的仅仅零星几颗，有的如针尖般密密麻麻的覆盖鸡蛋壳周身，有的暗斑面积很大，甚至半个鸡蛋壳大小，暗斑出现的位置也不一定，有的鸡蛋壳在锐端的多一些，有的集中在钝端、赤道，有的则是鸡蛋壳周身均匀分布，鸡蛋壳暗斑的出现大大的降低了鸡蛋的外观品质。蛋存放期间，不同暗斑覆盖率的鸡蛋均未检测出大肠菌群以及沙门氏菌，但暗斑鸡蛋新鲜度指标的变化速度以及菌落总数、霉菌等微生物的增长速度均较无斑鸡蛋快，且随着鸡蛋壳暗斑覆盖率的增加，鸡蛋新鲜度下降越快，菌落总数、霉菌等微生物的增长也越快。鸡蛋壳暗斑的存在对鸡蛋品质具有不良影响，大大促进了鸡蛋新鲜度的下降及腐败速率，缩短了贮藏期。

十二、国家食品风险监测计划里鸡蛋一般都要测定哪些项目

近年来，国家高度重视并积极研究部署食品安全工作，以"预防为主、科学管理"为治理思路，国家食品安全风险评估中心（简称食品风险评估中心）于2011年正式成立，承担全国食品安全风险监测、评估与预警工作，研究分析食品安全风险趋势和规律，组织制定和修订食品安全国家标准，为我国食品安全提供技术支撑和保障。

食品污染及有害因素监测主要是了解食品中主要化学污染物及有害因素的污染水平和变化趋势，分析危害因素的分布和可能来源。为开展食品安全风险评估和标准制定、修订及跟踪评价等提供科学依据。发现食品安全风险隐患，及时通报相关监管部门。其中和鸡蛋有关的监测项目包括兽药残留、全氟和多氟烷基化合物。兽药残留包括喹诺酮类（恩诺沙星、环丙沙星、诺氟沙星、氧氟沙星、培氟沙星、洛美沙星）、四环素类（强力霉素和土霉素）、甲硝唑、氟苯尼考、氟苯尼考胺和抗球虫药（地克珠利、托曲珠利、托曲珠利砜、尼卡巴嗪）。全氟和多氟烷基化合物包括全氟丁酸、全氟戊酸、全氟己酸、全氟庚酸、全氟辛酸、全氟壬酸、全氟癸酸、全氟十一酸、全氟十二酸、全氟十三酸、全氟十四酸、全氟十六酸、全氟十八酸、全氟丁烷磺酸、全氟戊烷磺酸、全氟己烷磺酸、全氟庚烷磺酸、全氟辛烷磺酸、全氟壬烷磺酸、全氟癸烷磺酸、十二氟-3H-4，8-二氧杂壬酸、6：2氯代多氟烷基醚磺酸盐、8：2氯代多氟烷基醚磺酸盐，涉及的检测方法及残留限量见表5-1。

表5-1　鸡蛋中有关监测项目的检测方法及残留限量

动物/组织	化合物	推荐检测方法	检测药物	判定标准（μg/kg）
鸡/蛋	氟喹诺酮类	动物源性食品中14种喹诺酮药物残留检测方法（GB/T 21312—2007）	环丙沙星	10（恩诺沙星与环丙沙星之和）
			恩诺沙星	
			洛美沙星	2
			氧氟沙星	
			诺氟沙星	
			培氟沙星	
			沙拉沙星	5
			达氟沙星	10

动物/组织	化合物	推荐检测方法	检测药物	判定标准（μg/kg）
鸡/蛋	四环素类	动物性食品中四环素类药物残留量的测定（GB 31658.6—2021）禽蛋、奶和奶粉中多西环素残留量的测定（GB 31659.2—2022）	四环素	400（土霉素、金霉素、四环素单个或组合）
			土霉素	
			金霉素	
			多西环素	10
鸡/蛋	硝基呋喃类代谢物	动物源性食品中硝基呋喃类药物代谢物残留量检测方法（GB/T 21311—2007）	氨基唑烷酮	不得检出ND
			甲基吗啉氨基唑烷酮	
			氨基乙内酰脲	
			氨基脲	
鸡/蛋	酰胺醇类	动物性食品中酰胺醇类药物及其代谢物残留量的测定（GB 31658.20—2022）	氯霉素	不得检出 ND
			甲砜霉素	10
			氟苯尼考	10（氟苯尼考与氟苯尼考胺之和）
			氟苯尼考胺	

十三、鸡蛋贮藏需要注意哪些问题

鸡蛋的储存是一个复杂的问题，涉及到食品安全、营养保持和家庭储存技巧等多个方面。根据《中国居民膳食指南（2016）》，鸡蛋在室温下放置1天相当于在冰箱中放置7天，因此，建议鸡蛋应冷藏保存，低温可以通过抑制微生物的活性和减少水分蒸发来延长鸡蛋的保存时间。在冰箱冷藏的条件下，鸡蛋的品质在前3周与新鲜鸡蛋差别不大，但是室温存放的鸡蛋从第1周开始品质就迅速下降。鸡蛋在不同温度下的保存期限如下：

（1）在2~5℃的冷藏条件下，鸡蛋的保质期通常为40天。

（2）在冬季室温下（假设为15℃以下），鸡蛋的保质期约为30天。

（3）在夏季室温下（假设为25℃以上），鸡蛋的保质期缩短至7~10天。

另外，鸡蛋容易受到沙门氏菌等细菌的污染，冷藏可以有效减少这种风险。所以，从食品安全的角度来看，冷藏是推荐的做法。

鸡蛋在贮藏过程中也需要注意如下问题来保证鸡蛋的食用安全：

（1）不要清洗鸡蛋：购买回来的鸡蛋不要用水冲洗，因为这会破坏蛋壳上的保护膜，使细菌更容易渗透到蛋内。如果鸡蛋表面特别脏，可以在食用前清洗干净。

（2）正确的存放方式：存放鸡蛋时，应将大头朝上，小头朝下，这样可以使蛋黄上浮并贴在气室下面，防止微生物侵入蛋黄。同时，避免将鸡蛋与有强烈气味的食品放在一起，以防鸡蛋吸收异味。

（3）避免冷冻：冷冻会使蛋白质发生变化，导致蛋黄凝固，还有可能发生蛋壳破裂的情况。因此，不建议将鸡蛋冷冻保存。

（4）控制存储时间：即使在冰箱中冷藏，鸡蛋也不能无限期地存放。一般来说，储存1~2周的鸡蛋食用是没有问题的，最长不要超过1个月。超过这个时间，鸡蛋的营养成分会大量流失，并且可能会变质。

（5）避免交叉污染：在处理鸡蛋时，应使用不同的工具处理生食和即食食品。

接下来，我们来学习更加详细的正确检查鸡蛋新鲜度的方法以避免食用到变质的鸡蛋，具体方法如下：

（1）观察蛋壳：新鲜的鸡蛋壳表面光滑，没有明显的裂纹或破损。劣质蛋壳可能油亮，呈乌灰色或暗黑色，并且有霉斑。

（2）摇晃测试法：将鸡蛋放在耳边轻轻摇晃，如果没有声音或声音很小，说明鸡蛋是新鲜的；如果里面发出响声，则可能已经不新鲜。

（3）透光辨别法：将鸡蛋对着日光灯或阳光照射，新鲜蛋呈微红色、半透明，透亮无斑点。如果蛋内模糊或有暗影，则可能是次劣蛋。

（4）浸泡辨别法：将鸡蛋放入清水中，新鲜的鸡蛋会下沉或倾斜，而浮在水面的鸡蛋可能已经变质。

（5）开蛋检验：打开鸡蛋后，观察蛋黄和蛋白的状态。新鲜的鸡蛋蛋黄通常接近球形，蛋白稠度较大且颜色清亮；如果蛋黄散开或蛋白变稀，则可能不新鲜。

（6）嗅觉检测：用嘴向蛋壳上轻轻哈气，然后嗅其气味。良质鲜蛋有轻微的生石灰味，而劣质蛋则可能有异味。

（7）检查气室大小：观察蛋的气室，储存时间越长，气室越大，因此气室大小是评价蛋新鲜度的重要指标之一。

虽然有些传统方法可以在常温下保存鸡蛋，但从食品安全和延长保质期的角度来看，冷藏是最佳选择。正确的储存方法不仅能保持鸡蛋的新鲜度和营养价值，还能有效预防沙门氏菌等细菌的感染。因此，在日常生活中，建议大家将鸡蛋存放在冰箱中，并注意其他的贮藏小问题，尽量保证鸡蛋的食用安全。

十四、虾青素鸡蛋是智商税吗

虾青素，又名虾黄素、虾黄质，最早是从虾、蟹等水产品中提取出一种紫红色结晶，后确定是一种与虾红素有密切关系的类胡萝卜素，故命名为虾青素。虾青素广泛存在于各种微生物、浮游植物、海洋动物中，如藻类、酵母、鲑鱼、鳟鱼、马哈鱼、磷虾等。虾青素可以通过化学合成，也可以从天然环境中获取。天然虾青素是一种非维生素A原类胡萝卜素，具有抗氧化、抗癌、着色等多种生物学功能。雨生红球藻处于缺乏氮源、高光强的生长环境中就会积累虾青素，雨生红球藻作为天然虾青素的重要来源已被批准作为新食品原料和饲料原料，它被认为是自然界中天然虾青素的最佳来源。欧盟规定人工合成虾青素只能用于三文鱼和鲑鱼饲料，而不能用作食品添加剂。FDA规定成品饲料中虾青素含量不得超过80mg/kg。经过大量动物实验，雨生红球藻来源的虾青素的安全性得到公认。我国农业农村部第318号公告（饲料添加剂品种目录）中规定虾青素作为饲料添加剂仅能在水产动物中使用，美国FDA也批准反式结构的虾青素用于水产养殖的饲料添加剂。虾青素于2009年在GB/T 23745—2009《饲料添加剂10%虾青素》中被批准为饲料添加剂。在蛋鸡日粮配方中添加虾青素，能显著改善蛋黄的颜色与光泽，提高鸡蛋中虾青素含量，增强鸡蛋抗氧化性能。

人体正常代谢过程中会产生性质活泼的自由基和活性氧，这些物质可能与蛋白质、脂质和DNA发生连锁反应使得后者发生氧化损伤，最终诱导衰老或各种慢性疾病。虾青素可通过各种机制来抵御DNA等物质的氧化损伤，如猝灭单线态氧、清除活性自由基、抑制脂质过氧化来保存膜结构、调节基因表达等。作为一种非维生素A原的类胡萝卜素，虾青素在动物体内不能转变为维生素A，但具有与类胡萝卜素相同的抗氧化作用，它淬灭单线态氧和捕捉自由基的能力比β-胡萝卜素高10余倍，比维生素E强100多倍，人们又称其"超级维生素E"。天然虾青素是一种抗氧化性极强的类胡萝卜素，具有抗氧化、抗衰老、抗肿瘤、预防心脑血管疾病等作用，目前国际上已将其应用于保健

食品、高档化妆品、药品等领域中。

雨生红球藻是天然虾青素的良好来源，在母鸡饲粮中添加雨生红球藻是目前获取富含虾青素鸡蛋的主要手段。虾青素在雨生红球藻中占比可达0.5%~2.0%（干基），主要以酯类形式存在。在蛋鸡饲粮中添加虾青素后，血浆和蛋黄中的虾青素含量随饲粮中虾青素含量的增加而增加，且增加与蛋黄呈红色色素沉着相一致。在蛋鸡饲粮中添加了丰富的虾青素，结果发现虾青素富集有助于提高蛋鸡抗氧化能力，降低血浆中低密度脂蛋白、胆固醇和甘油三酯水平。

和其他鸡蛋相比，最直观的区别就是蛋黄呈现鲜艳的红色，虾青素含量越高蛋黄颜色越红。其次，虾青素鸡蛋的蛋黄卵膜更为厚实，蛋黄可以直接用手抓起来，甚至用筷子夹起来卵膜也不会破裂。最后，与普通鸡蛋相比，虾青素鸡蛋的生物质含量也更为丰富。但虾青素鸡蛋与普通鸡蛋最本质的区别是内在的不同。虾青素鸡蛋的核心成分虾青素经过蛋鸡的生物富集，分子外部包裹了与人体细胞高度一致的卵磷脂，大幅度提高了人体的吸收率。其胆固醇只有普通土鸡蛋的一半，相当于250g瘦肉中所含的胆固醇的量，对三高人群几乎没有压力和负担。它还能抑制坏胆固醇的氧化，增加好胆固醇，防止血液中脂质出现异常，抑制血管老化。虾青素具有抗衰老、抗氧化、提高免疫力、保护眼睛、预防心脑疾病等作用。

此外，虾青素鸡蛋的价格通常高于普通鸡蛋，消费者应根据自身健康状况、经济能力和营养需求来决定是否购买这类功能鸡蛋。对于大多数健康成年人来说，每天一个普通鸡蛋就可以满足日常营养需求，无须过度追求功能鸡蛋。

十五、无菌蛋真的无菌吗

无菌蛋一般指经过巴氏杀菌以及严格加工处理过的鸡蛋。GB 2749—2015《食品安全国家标准 蛋与蛋制品》对菌落总数和大肠菌群的总数做了要求，但并没有对沙门氏菌进行要求。这种鸡蛋内细菌含量很少，但并非完全无菌，称其为"少菌蛋"更合适。沙门氏菌是一种常见的食源性致病菌，人们日常吃的肉、蛋、奶中都可能有沙门氏菌。这种细菌怕热、不怕冷，有很强的耐低温性，可在冰箱存活3~4月。当环境温度达到100℃时，沙门氏菌就会直接死亡。沙门氏菌进入鸡蛋通常有两种途径。第一种途径是通过感染母鸡进入鸡蛋，沙门氏菌从母鸡的体内进入蛋黄和蛋清；第二种途径是从粪便和泥土中进入鸡蛋内，因为蛋壳是多孔结构，沙门氏菌可附着在蛋壳表面再进入鸡蛋。因此，规范的无菌蛋生产企业会从鸡苗、饲料、饮水、养殖环境等方面控制微生物的数量。

消费者除了看重其"无菌"外，他们还被商家所宣传的无菌蛋无腥味、蛋黄更黄以及富含更多营养成分所吸引。鸡蛋是否有腥味主要与饲料及鸡的品种有关。若饲料中含有菜籽粕、菜籽油、鱼粉或氯化胆碱时，食用此饲料的鸡产生的腥味物质就较多，生产的鸡蛋腥味也就较重。因此，通过品种选择及饲料调配，就可控制鸡蛋是否有腥味，这不是无菌蛋特有的品质。有些商家宣称无菌蛋富含有机硒、卵磷脂、优质蛋白、不饱和脂肪酸、维生素、氨基酸等物质，这些也并非无菌蛋所特有的。鸡蛋本身就富含优质蛋白、卵磷脂和维生素A、氨基酸等营养物质，这与是不是无菌蛋没有关系。

就营养价值而言，无菌蛋与普通鸡蛋无异，甚至生吃无菌蛋不如熟吃普通蛋。有研究显示，水煮蛋中91%蛋白质可被人体吸收，而生吃的话，这个数值约为55%。因为生鸡蛋含有一些蛋白酶抑制剂，会影响蛋白质的消化吸收。此外，生吃鸡蛋还会影响人体对B族维生素的吸收。不过，相比普通鸡蛋，合格的无菌蛋对生产要求更高，其微生物含量更少，而且大部分无菌蛋上都有追溯码，让人吃着更放心。对于无菌蛋是否值得购买，主要还是结合个人需求、饮食习惯以及消费水平。达标无菌蛋才可以生食，但一定要注意"最佳食用日期"。一般生食的期限是7~10天，超过这个期限就不建议生食，需加热后方可食用。

十六、鸡蛋中的沙门氏菌感染对人体健康有哪些潜在风险？家庭中应如何正确处理鸡蛋以避免沙门氏菌污染

沙门氏菌属肠道杆菌科、沙门氏菌属，该属包括肠道沙门氏菌和邦戈尔沙门氏菌两个种，其中肠道沙门氏菌又包含6个亚种。目前沙门氏菌已鉴定出2600多种血清型，大部分属于肠道亚种。沙门氏菌既能显性或隐性感染动物，也可以通过污染的动物产品使人接触后食物中毒。沙门氏菌既可以水平传播，也可以垂直传播，作为重要的人畜共患病原菌对公共健康安全产生严重危害。在家禽中，由鸡白痢沙门氏菌引起的疾病称为鸡白痢，由禽伤寒沙门氏菌引起的疾病称为禽伤寒，由其他沙门氏菌引起的疾病称禽副伤寒。鸡白痢通常造成1~3周龄雏鸡的死亡，成年鸡感染后一般症状较轻或无症状，但会使生产性能下降，并导致死亡率增加。禽伤寒通常被认为是成年鸡的疾病，但也可造成雏鸡大量死亡。其他沙门氏菌的感染，除对敏感雏鸡有影响外，很少引起家禽的急性全身性疾病，呈隐性感染而不被重视。然而这些沙门氏菌可通过污染食

物，尤其是鸡蛋及其制品，对人类健康造成巨大威胁。我国是禽蛋生产和消费大国，控制蛋鸡生产中沙门氏菌的污染就显得尤为重要。

食用未经高温彻底加热且携带沙门氏菌的鸡蛋、鸡肉等动物制品；人触摸携带沙门氏菌的生鸡蛋、生鸡肉等食品后，没有彻底洗干净手就接触其他食物；在水池中冲洗携带沙门氏菌的鸡蛋、鸡肉等动物制品，没有彻底消毒水池就清洗其他食物，尤其是生食蔬菜；加工烹饪携带沙门氏菌的鸡蛋、鸡肉等动物制品的厨具，未经彻底消毒就加工烹饪其他食材，均可能导致食物中毒。沙门氏菌和其他微生物一样，和人类共生于自然界中，无法被"完全杀灭干净"。

根据2022年新修订的《一、二、三类动物疫病病种名录》，将沙门氏菌病作为三类动物疫病。沙门氏菌可通过饲料、水等进入鸡体内，"入侵"输卵管，让鸡蛋在形成的过程中便受到污染。由于鸡是泄殖腔动物，排泄和生殖所用的肠道、尿道、生殖道共用一个出口，因此后代娩出时会被肠道微生物"包裹"，这也是一些鸡蛋壳上有肉眼可见的鸡毛、鸡屎的原因，鸡群一旦感染沙门氏菌，不定期将病毒排出肠道和生殖道，会对其他鸡造成感染并污染周围环境，使蛋鸡的养殖长时间处于污染环境下，对蛋鸡养殖业的发展具有重大危害。

部分清洁蛋使用巴氏杀菌工艺进行灭菌，即采用60～82℃的温度，对鸡蛋外壳加热处理，达到消毒的同时不损害鸡蛋营养和品质的目的。而且，鸡在饲养环节，鸡蛋在包装、物流、存储环节还会有多道工序保证鸡蛋的清洁。这种鸡蛋售价较高，但品相干净、大小一致，且携带的致病微生物大大减少。但是这种干净、安全都是相对的，除了蛋壳可能被沙门氏菌感染外，鸡蛋内部也可能存在细菌。若想安心食用、安全食用，还是应该将鸡蛋煮熟再吃。可以将鸡蛋凉水下锅，水开后再煮3 min，然后关火焖10 min。这样煮出的鸡蛋不仅口感不硬、不柴，能杀灭沙门氏菌，而且可以让蛋白质完成变性，使鸡蛋更利于消化吸收。

沙门氏菌在55℃的温度下加热1h，65℃加热15～30min，100℃只需数分钟便可被杀灭。沙门氏菌在手指尖至少能存活10min，如果您在购买、烹饪环节用手拿了生鸡蛋，没有彻底消毒双手就去触碰其他食材、餐具、厨具、水池，即便将鸡蛋做熟食用，也有可能患肠炎等疾病。有些家庭习惯大量购买鸡蛋，甚至不将其放入冰箱存储，沙门氏菌在7℃左右的环境中即可发生大量繁殖，且能够穿透蛋壳污染鸡蛋内容物，存储时间越久，鸡蛋内部发生感染的可能性越高。

为避免家庭中鸡蛋的沙门氏菌污染，您可以采取以下预防措施：

（1）买安全鸡蛋：选择信誉良好的商家购买鸡蛋；检查鸡蛋的包装和外观，确保蛋壳干净、无裂缝或渗漏。

（2）妥善存放：将鸡蛋存放在冰箱中，保持温度在4℃或更低，以减缓细菌生长；鸡蛋应单独存放，避免与其他食物接触，防止交叉污染。

（3）处理鸡蛋前洗手：在处理鸡蛋之前和之后都要用肥皂和温水彻底洗手，至少20s。

（4）清洗鸡蛋外壳：如果鸡蛋外壳脏污，可以在使用前用清水清洗，之后要擦干，因为水分可以帮助细菌进入蛋内。

（5）避免交叉污染：使用单独的砧板、刀具和器具处理生鸡蛋，避免与即食食品接触；使用后要及时清洗和消毒这些工具。

（6）小心打开鸡蛋：在干净的地方打开鸡蛋，避免蛋壳接触到蛋黄或蛋白；如果鸡蛋有破损，确保破损的鸡蛋不污染其他鸡蛋。

（7）妥善处理剩蛋液：如果有剩余的蛋液，应尽快使用或冷藏，并在一天内食用完毕。

（8）彻底煮熟鸡蛋：确保鸡蛋完全煮熟，蛋黄和蛋白都应凝固。避免制作溏心蛋或半生不熟的鸡蛋。

（9）及时食用或妥善保存煮熟的鸡蛋：煮熟的鸡蛋应在煮好后2h内食用，若保存则应在冷藏条件下存放。

十七、"无抗"鸡蛋值得消费者购买吗

随着生活水平的提高，人们对鸡蛋及其产品需求的增多，推动了养禽业的发展。为了提高鸡蛋食品的安全和减少环境污染，目前国家对鸡蛋的药残检测力度越来越大，如果还采取传统饲养方式，使用抗生素预防和治疗疾病，鸡蛋中兽药残留问题就无法避免。众所周知，无论是人还是动物，不合理使用抗生素都易出现耐药性问题，影响后期用药效果。近些年，部分畜禽产品抗生素残留问题较为明显，尤其是鸡蛋和鸡肉。基于人们对健康和高品质生活的追求，无抗鸡蛋、有机鸡蛋的市场需求增长迅速。

自2019年7月农业农村部发布149号公告，决定停止生产、进口、经营、使用部分药物饲料添加剂，并自2020年7月1日起，饲料生产企业停止生产含有促生长类药物饲料添加剂（中药类除外）的商品饲料，我国正式迈入饲料

"禁抗"时代。为积极响应国家"禁抗"要求，不少企业开始瞄准"无抗"产品赛道。以通威集团为例，该企业农牧板块技术体系综合配方技术、加工工艺、养殖模式，形成系统的"无抗"解决方案。2002年我国发布《禁止使用和允许使用药物名单》，规定了禁止使用的29种抗生素，同年，中华人民共和国农业部公告第235号修订了《动物性食品中兽药最高残留限量》；2016年8月，我国颁布《遏制细菌耐药国家行动计划（2016—2020）》，对抗生素的生产、流通、使用等全部环节加强监督。总的来说，我国今后将逐渐减少畜禽养殖中使用抗生素，并完全禁止使用以生长促进剂和饲料添加剂为目的抗生素。因此，从国内外养殖业的发展来看，无抗养殖将是今后养殖业发展的趋势。

无抗鸡蛋是相对于有机鸡蛋、绿色鸡蛋的一个新概念。无抗养殖指"优质鸡苗+优质饲料+鸡场好环境+科学的管理+科学的保健"等一系列措施及技术的综合应用，目的在于产出无抗生素鸡蛋，保证鸡蛋的质量和安全。目前，学术上对有机鸡蛋、绿色鸡蛋并无统一的界定标准，而无抗鸡蛋的评价标准直接、简单，即未检测出抗生素残留的鸡蛋。虽然有机鸡蛋、绿色鸡蛋和无抗鸡蛋都是衡量鸡蛋食用安全的一个标准，但有机鸡蛋、绿色鸡蛋的概念较难描述清楚，无抗鸡蛋则有检测标准作为依据，界定与评价具有参考性、科学性，且易描述，为健康鸡蛋的大众化市场推广指明了方向。

十八、散黄鸡蛋可以食用吗

蛋黄是由三部分组成，其中包括蛋黄膜、蛋黄内容物与胚盘。蛋黄膜包含在蛋黄内容物外面，是一个透明的薄膜，新鲜鸡蛋的蛋黄膜具有良好的弹性，具有保护蛋黄与胚盘、防止蛋白和蛋黄混合的作用。随着蛋类贮存时间的增加，因为蛋白中的水分会逐渐渗入蛋黄，因此蛋黄的体积会逐渐增大，当蛋黄的体积超过原来体积的19%时，会把蛋黄膜撑破，造成蛋黄内容物外溢，这就形成了我们常见的散黄蛋。

新鲜蛋的蛋黄膜具有较强的韧性和弹性，当蛋壳被外力打破时，蛋黄内容物流出，蛋黄在蛋黄膜的保护下仍然完整不散，就是因为有这层膜包裹保护的缘故。而陈旧蛋的蛋黄膜韧性和弹性都很差，稍有震动，就会发生破裂。所以，从蛋黄膜的紧张度就可以推知蛋的新鲜度。蛋黄内物质是一种不透明的浓稠的呈半流动状态黄色的乳状液体，由深黄色与浅黄色两种不同黄色的乳状液体所组成，可分为多层。在蛋黄膜之下是一层较薄的浅黄色蛋黄，接着为一层较厚的颜色较深黄色蛋黄，再下一层又是淡黄色蛋黄。

散黄鸡蛋是否能食用取决于散黄的原因，以下是几种常见的原因以及相应的处理建议：

（1）运输过程中的激烈震荡：如果鸡蛋在运输过程中受到激烈震荡，可能会导致蛋黄膜破裂，从而造成散黄现象。这种情况下，鸡蛋的营养价值基本不变，可以继续食用。

（2）存放过程中的自然变化：鸡蛋在存放的过程中，由于蛋白稀化后水分向蛋黄渗透，蛋黄体积膨胀可能会撑破蛋黄膜，导致散黄。这样的鸡蛋也可以继续食用，但营养价值可能会有所降低。

（3）受精孵化：受过精的鸡蛋经过一段时间孵化，蛋黄可能会发散。这种鸡蛋同样可以食用。

（4）细菌或霉菌侵入：如果细菌或霉菌通过蛋壳气孔侵入鸡蛋内部，也会造成鸡蛋散黄。这种情况下，鸡蛋可能带来食品安全风险，不建议食用。

在发现鸡蛋散黄后，可以通过以下方法来判断是否适合食用：

（1）检查鸡蛋是否有异味。如果没有异味，经高温烹调后还可食用，建议用煎炒方式，煮着或蒸着吃口感变化会更明显。

（2）观察鸡蛋的色泽和透明度。如果蛋黄颜色发黑、蛋白浑浊，说明可能已经变质，不宜食用。如果蛋壳表面出现菌斑，打开后有异样的腥味，蛋液显得浑浊，说明可能是腐败菌入侵导致，这种鸡蛋不能再食用。

（3）散黄后应先闻一闻其是否有异味，如果没有异味，一般情况下，鸡蛋在常温下可保存7~15天，时间再长就不新鲜了。即使在冰箱里存放，也最好不要超过30天，否则就容易出现散黄蛋。另外在保存之前最好不要将鸡蛋壳洗净，这样会洗掉壳表面的保护膜，使其更容易变质。

综上，如果散黄鸡蛋没有异味、颜色正常，并且经过充分加热，通常是可以安全食用的。但如果有任何异味或变质迹象，为了安全起见，建议不要食用。

第六章
鸡蛋食用品质问答

一、"土鸡蛋"是不是比普通鸡蛋更好吃

为了让我们更好地了解"土鸡蛋"是不是比普通鸡蛋更好吃这个问题，我们首先要了解"土鸡蛋"是什么，它为什么叫"土鸡蛋"？

T/HBPA 001—2019指出，土鸡是经国家畜禽遗传资源管理机构认定的我国地方鸡品种，以及含有不低于50%地方鸡血统的培育品种（配套系），培育品种（配套系）体型外貌与产品特点符合我国地方鸡的基本特征。那么这些土鸡所产的蛋，就称为"土鸡蛋"。

土鸡有多种饲养方式，包括笼养、圈养和散养。笼养方式是指建有封闭或半封闭式鸡舍，配套阶梯式或层叠式鸡笼、自动饮水、喂料、清粪和湿帘风机等设备的饲养方式。圈养方式是指利用房舍和有限范围运动场相结合的一种养殖方式，有固定鸡舍，舍外有鸡舍面积2倍左右的运动场，四周有围栏等设施，舍内地面铺设沙子、木屑和秸秆等垫料，或铺设网床，有食槽（料桶）、饮水器（水线）和产蛋箱等。散养方式是指利用荒地、林地和农作物园地等场地实行小群体、低密度的自由放牧的饲养方式，又称放养方式，同时建有小型棚舍，棚舍呈点状分布，棚舍内有食槽（料桶）、饮水器（水线）和产蛋箱等设施。

根据饲养方式的不同，"土鸡蛋"产品分为笼养"土鸡蛋"、圈养"土鸡蛋"和散养"土鸡蛋"。"土鸡蛋"的技术要求见表6-1。

表6-1 "土鸡蛋"的技术要求

项目	要求	检测方法
平均蛋重	< 55g（双黄蛋除外）	电子秤或天平称量，感量精度 0.1g
蛋黄比例	≥ 30%	蛋黄重占总蛋重的比例
蛋黄颜色	笼养、圈养条件下，≥ 7 散养条件下，≥ 9	罗氏比色扇比色

GB 2749—2015指出鲜蛋是各种家禽生产的、未经加工或仅用冷藏法、液浸法、涂膜法、消毒法、气调法和干藏法等贮藏方法处理的带壳蛋。"土鸡蛋"也适用于这项国家标准。鲜蛋的感官要求见表6-2。

表6-2 鲜蛋的感官要求

项目	要求	检验方法
色泽	灯光透视时整个蛋呈微红色；去壳后蛋黄呈橘黄色至橙色，蛋白澄清、透明，无其他异常颜色	取带壳鲜蛋在灯光下透视观察。去壳后置于白色瓷盘中，在自然光下观察色泽和状态闻其气味
气味	蛋液固有的蛋腥味，无异味	
状态	蛋壳清洁完整，无裂纹，无霉斑，灯光透视时蛋内无黑点及异物；去壳后蛋黄凸起完整并带有韧性，蛋白稀稠分明，无正常视力可见外来异物	

由以上两项标准可以看出，"土鸡蛋"和普通鸡蛋的感官要求差别并不明显，但在"土鸡蛋"的技术要求中对蛋黄颜色提出了要求。在我们购买鸡蛋时，往往会更青睐于蛋黄颜色较深的鸡蛋，所以大家在选购时更偏好购买"土鸡蛋"。

二、煮鸡蛋的蛋黄表面有时会出现灰绿色的原因是什么？什么样的鸡蛋不容易变绿

在煮鸡蛋的过程中，一个引人注目的现象是蛋黄表面有时会出现灰绿色。这一现象并非偶然，而是源于一种特定的化学反应。鸡蛋黄表面出现的灰绿色物质主要是硫化亚铁（FeS），它是鸡蛋在加热过程中发生化学反应的结果。首先，蛋清中含有含硫氨基酸（如半胱氨酸和蛋氨酸），在高温下分解会产生硫化氢（H_2S）气体；其次，蛋黄中含有铁元素（以铁离子的形式存在

于卵黄高磷蛋白中），硫化氢扩散到蛋黄表面时，与铁离子反应生成硫化亚铁（FeS），因此有时蛋黄呈现灰绿色。

那么，是哪些因素导致蛋黄表面出现灰绿色（图6-1）呢？

图6-1 蛋黄表面呈灰绿色

影响硫化亚铁产生的因素主要有三方面。一是加热时间过长，长时间加热会加速硫化氢的生成和扩散。二是冷却缓慢，煮熟的鸡蛋未及时冷却，余热会继续促进反应。三是鸡蛋的新鲜程度，不新鲜的鸡蛋蛋清中的二氧化碳逐渐逸出，pH升高，碱性环境促进硫化物释放，且蛋黄膜变薄、弹性下降，硫化氢更易与铁反应，导致灰绿色更明显。

因此，如何避免灰绿色物质生成呢？

首先，选择蛋壳完整、蛋黄饱满的优质鸡蛋，新鲜鸡蛋的蛋黄膜更致密；其次，掌握正确的煮制技巧和火候有效减少硫化亚铁的形成。例如，先将鸡蛋冷水下锅，水开煮制3min后关火，再焖制10min即可见图6-2、图6-3。最后，煮熟后立即用冷水浸泡，终止余热反应。

其次，煮制技巧与火候掌握对于减少蛋黄变绿至关重要，正确的煮制技巧和火候掌握可以有效减少硫化亚铁的形成。例如，先将鸡蛋冷水下锅，水开煮制3min后关火，再焖制10min，以及煮后立即用水冷却等都是关键步骤，见图6-2、图6-3。

所以，为了减少煮鸡蛋时蛋黄表面灰绿色的出现，我们可以采取一系列措施。首先，选择蛋壳完整、蛋黄饱满的优质鸡蛋；其次，将鸡蛋存放在适当的存储条件下，避免挤压或碰撞导致蛋壳破裂；最后，掌握正确的煮制技巧和火候，确保鸡蛋的口感和营养价值得到最大保留。这样我们就可以有效减少煮鸡蛋时蛋黄表面灰绿色的形成，让每一颗鸡蛋都呈现出完美的状态。

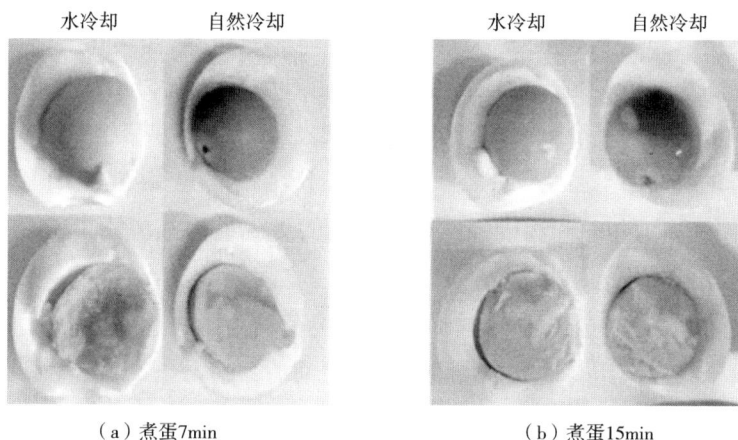

（a）煮蛋7min   （b）煮蛋15min

图6-2　煮蛋时长和冷却方式对蛋黄颜色的影响

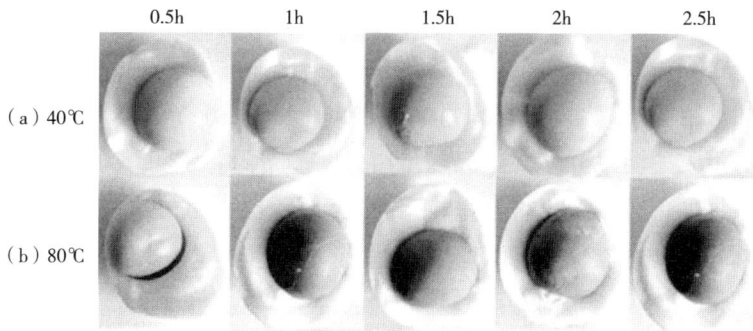

图6-3　鸡蛋用水冷却后保温温度和时长对蛋黄颜色的影响

三、有的鸡蛋煮熟了不容易剥去鸡蛋皮，是什么原因

在日常生活中，我们普遍会遇到煮熟的鸡蛋剥皮难的问题。我们可以从鸡蛋的新鲜度、煮鸡蛋的方法和鸡蛋的物理化学性质等方面来分析对剥皮难的影响。

鸡蛋的新鲜程度是影响剥皮难度的因素之一。新鲜鸡蛋的蛋白紧密贴合蛋壳，剥皮时容易连同蛋白一起撕下。这是因为新鲜鸡蛋中水分含量高，且由于刚产出时CO_2含量较高，蛋白质的pH较低，这种酸性环境增强

了蛋白与蛋壳之间的黏附力。相对而言，存放一段时间的鸡蛋，由于蛋白中的水分逐渐蒸发，CO_2释放，蛋白与蛋壳之间的空隙增大，剥皮时相对容易分离。

煮蛋方法同样会对剥皮难度产生显著影响。水温过高、煮蛋时间过长或冷却方式不当都可能导致剥皮困难。在水沸腾后煮鸡蛋，容易导致鸡蛋受热不均匀，形成微小空隙，这些空隙在冷却过程中收缩，使蛋壳与蛋白紧密贴合。此外，长时间高温煮制会使蛋白质发生过度变性，变得坚硬而干燥，进一步增加了剥皮的难度。因此，掌握正确的煮蛋方法和冷却方式至关重要。

鸡蛋的物理和化学性质也是不可忽视的影响因素。蛋壳与蛋白的热膨胀系数差异、蛋白的pH和离子强度以及蛋壳的微观结构都可能影响剥皮难度。这些性质相互作用，共同决定了蛋壳与蛋白之间的黏附力大小。例如，在酸性环境下，蛋白中的官能团会电离形成带电荷的离子，这些离子与蛋壳中的矿物质离子相互作用，增强了蛋白与蛋壳之间的黏附力。

我们可以采取一些方法来解决鸡蛋煮熟后剥皮困难的问题。我们可以选择存放了一段时间的鸡蛋进行煮制，因为这样的鸡蛋剥皮时相对容易分离，但是存放时间不宜过长以免鸡蛋变质。同时正确的煮蛋方法和冷却方式也十分重要。将鸡蛋放入冷水中逐渐加热至沸腾并确保受热均匀可以增大蛋壳与蛋白之间的空隙；同时适当控制煮鸡蛋的时间，煮熟后立即放入冷水中冷却可以降低蛋壳的温度并增大蛋壳与蛋白之间的空隙，还可以在冷却过程中使用辅助工具如勺子或筷子轻轻敲打蛋壳表面以增大空隙；同时从鸡蛋的大头部分开始剥皮以更容易分离蛋壳与蛋白。加盐煮蛋也是一个有效的解决方法，在煮蛋的水中加入适量的盐可以降低水的硬度并减少蛋壳与蛋白之间的摩擦和黏附力，同时，盐还能使蛋壳的钙质层软化从而便于剥皮，但需要注意的是加盐量需适中以免影响鸡蛋的口感和营养价值。

四、鸡蛋的风味是由哪些挥发性物质构成的

鸡蛋是我们日常生活中几乎每日必不可少的食物，鸡蛋的风味是吸引我们选择食用它的重要因素之一。那么，鸡蛋中到底存在哪些风味物质呢？

鸡蛋的风味是由多种挥发性物质共同作用的结果，包括脂肪烃、醛类、酮类、醇类、硫化物、芳香族化合物、呋喃类和杂环化合物等。这些物质在

鸡蛋的不同部位（如蛋黄和蛋白）以及不同的烹饪方法下会表现出不同的浓度和比例，从而形成鸡蛋独特的风味特征。

鸡蛋中的脂肪烃种类包括碳原子数7~17的饱和直链脂肪烃和不饱和直链脂肪烃。这些脂肪烃对鸡蛋的风味有显著影响，因为它们占总风味物质的90%以上，因此，脂肪烃在鸡蛋的风味形成中起到了关键作用，它们与其他风味物质如醇类、醛类、酮类、芳香族化合物等共同构成了鸡蛋的复杂风味。

鸡蛋的风味也受许多外界因素的影响，如饲料、贮藏、加工条件等。不同的处理方法产生的熟鸡蛋滋味有所不同，其挥发性成分也会有所差异。氨基酸、脂肪酸等不仅是鸡蛋中的营养物质，也是风味前体物质。在食品加工过程中，蛋白质及多肽降解生成的氨基酸后，会与其他物质如还原糖发生美拉德反应，生成一些杂环化合物如吡啶、呋喃、噻吩等，进而产生许多独特的风味成分。脂类物质在热或酶的影响下会发生分解，产生脂肪酸，脂肪酸会进一步被氧化或与其他物质反应等，以形成风味成分，多不饱和脂肪酸更容易产生香气。作为脂肪酸的一个重要组成部分，游离脂肪酸在食物风味形成中的作用尤为重要。

在高温烹饪过程中：煮鸡蛋中检测出13种挥发性风味物质，其中乙二醇甲醚乙酸酯相对含量为9.2%；蒸鸡蛋中检测出14种挥发性风味物质，酯类含量最高；烤鸡蛋中检测出16种挥发性风味物质，其中芳香类、苯类和烷烃含量显著高于其他烹饪方式；荷包蛋中检测出13种挥发性风味物质，乙醛酸水合物为其特有的风味物质；炒鸡蛋中检测出15种挥发性风味物质，特有风味物质为叔丁基乙烯基醚。

五、不同颜色的蛋壳是如何形成的？人们喜欢什么颜色的鸡蛋？味道有什么不同

鸡蛋壳的颜色主要由母鸡的遗传基因决定，而不是由饮食或外部环境因素影响。具体来说，鸡蛋壳的颜色是由母鸡体内合成的色素沉积在蛋壳上形成的。这些色素包括原卟啉和胆绿素，它们通过血液由肝脏转运到子宫，并在子宫中沉积在蛋壳上。不同的色素沉积会产生不同颜色的蛋壳，如原卟啉沉积会产生棕色蛋壳，而胆绿素沉积则会产生蓝色蛋壳。尽管饲养方式、营养水平和母鸡的年龄等因素可能对蛋壳颜色产生一定影响，但这些因素的影响相对较小，遗传因素仍然是决定蛋壳颜色的主要因素。因此，鸡蛋壳的颜

色是由母鸡的品种和遗传基因决定的，不同品种的母鸡通常会产下特定颜色的蛋。

人们对于蛋壳颜色的偏好因地区和文化背景而异。在一些地区，老一辈的人喜欢买红壳鸡蛋，认为红壳鸡蛋比白壳鸡蛋营养高。尽管有些人认为深色蛋壳的鸡蛋更富有营养，但实际上蛋壳的颜色与鸡蛋的风味、纯度或营养价值没有太大的关联。因此，人们在选择鸡蛋时，不必过于关注蛋壳的颜色，应更多地关注其新鲜度和安全性。

六、什么是无抗鸡蛋？国家对鸡蛋的兽药残留有哪些要求

无抗鸡蛋是指在生产过程中不使用抗生素及其他化学合成类抗微生物药物的鸡蛋。这种鸡蛋的生产旨在确保鸡蛋中不含抗生素残留物，以保障消费者食用安全和健康。无抗鸡蛋的生产不仅关注鸡蛋本身的安全性，还强调整个养殖过程的绿色、环保和可持续性。

无抗鸡蛋的生产遵循一系列严格的标准和技术规范，例如，T/LYFIA 002—2019《无抗鲜鸡蛋》标准规定了无抗鸡蛋的术语和定义、要求、试验方法、检验规则、包装、标识、运输、贮存及保质期等方面的内容。

国家对鸡蛋的兽药残留有严格的规定。最新版GB 31650—2019《食品安全国家标准　食品中兽药最大残留限量》规定了多种药物在鸡蛋中的残留限量，并明确了哪些药物在蛋鸡产蛋期禁用或不得使用，例如，氟苯尼考、恩诺沙星等药物被明确标注为"蛋鸡产蛋期禁用"，违规使用这些药物会导致鸡蛋中产生残留，影响食品安全。

为了确保蛋鸡养殖过程中的兽药使用符合规定，《蛋鸡产蛋期安全用药管控技术性指导意见》要求养殖者严格执行兽药管理条例，建立完整的采购记录和用药档案。此外，养殖者需在产品上市前进行兽药残留检测，确保鸡蛋符合GB 31650—2019的要求。

在无抗养殖过程中，兽医人员需在具有执业兽医师资质人员的指导下负责兽药使用及防疫工作。不得使用抗生素或化学合成的抗微生物药物，推荐使用微生态制剂结合天然植物和中兽药制剂进行防治。同时，养殖场应配置温度调控设施，保持适宜的舍内环境，并定期监测空气中有毒有害气体和微生物数量。

无抗鸡蛋的生产不仅提升了鸡蛋的安全性和营养价值，也推动了养殖业

向绿色、环保和可持续发展的方向迈进。国家对鸡蛋兽药残留的严格管控，确保了消费者能够食用到安全、健康的鸡蛋产品。通过科学管理和技术规范的应用，无抗鸡蛋正在成为越来越多消费者的选择。

七、鸡蛋为什么会有"出汗"的现象？如何预防鸡蛋"出汗"

大家都知道在天热的时候人会出汗以排出多余的热量，对此也都感到习以为常见怪不怪，可是如果说鸡蛋也会"出汗"，那么听起来是不是就变得特别的不可思议、匪夷所思了呢？鸡蛋又不是人，也不需要喝水，也没有汗孔，怎么也会"出汗"呢？实际上，这都是来源于我们早在初中就已经学习过的一种物理现象——冷凝，当空气中的热气遇冷液化成小水滴，表现在鸡蛋上就好像是鸡蛋"出汗"了一样。因此当鸡蛋从寒冷环境中被转移到相对湿度较小但温暖的环境时就会发生鸡蛋"出汗"现象。其实原本这也没什么，冷凝就冷凝吧，也不会对鸡蛋造成什么危害，可坏就坏在，鸡蛋表面实际上是存在几千个很微小的小孔的，因为鸡蛋孵化成小鸡，鸡蛋中的受精卵发育生长，是需要一定的空气的。胚胎发育成长所呼吸的空气，就是通过蛋壳上的小孔进入蛋内的。因此，这些小孔又叫气孔，是供空气进出蛋壳的通道。但是能通过气孔自由进入鸡蛋的可远远不止是空气，还有和鸡蛋冤家路窄的沙门氏菌。当鸡蛋"出汗"的时候就会给沙门氏菌侵入蛋内提供可乘之机，这种情况广泛的出现在鸡蛋加工和运输的多个环节中，让人们头疼不已。

那么如何避免鸡蛋"出汗"的情况呢？在储运过程中尽量保证温度和湿度的恒定，避免用密闭容器贮存新鲜鸡蛋。在家庭日常保鲜过程中，如果购买时使用珍珠棉保存、运输鸡蛋，应当尽快将包装中的鸡蛋取出，放在干燥、阴凉的地方贮存，如果夏季储存鸡蛋的冰箱温度过低，则会发生从冰箱里取出的鸡蛋"出汗"现象，尽快食用这些"出汗"的鸡蛋，以减少它们被霉菌污染的机会。

八、吃鸡蛋留不留蛋黄，真的有学问

鸡蛋有营养这件事是众所周知的，然而鸡蛋虽好也不能贪多哦，因为鸡蛋里面的一些物质也是不能过分摄取进入人体的，任何东西都是过犹不及物极必反，鸡蛋也是一样的道理。虽然鸡蛋平时是作为一个高性价比的优良蛋白质摄入来源出现在我们的视野中，但是也并非是什么人群都适合大量食用

鸡蛋，比如蛋黄就有着明显的双刃剑作用。

首先我们先来讲一讲蛋黄对人体的诸多好处，顾名思义，首先蛋黄中就蕴含了大量的蛋白质，还富含多种维生素A、维生素B、维生素E、维生素K及B族维生素，这些营养素对人体都有着至关重要的作用。它们在人体中各司其职，维生素A对于保护视力多有好处，卵磷脂则是对大脑发育和神经系统有着不凡的保健作用。除此之外，蛋黄中还具有很多不饱和脂肪酸，对于预防心脑血管疾病有着极大的好处，同时蛋黄里面还富含铁元素有利于身体的补血造血。

而蛋黄又有着什么不利的潜在影响呢？这主要归咎于蛋黄中含有较高的胆固醇和脂肪，这些物质如果过量摄入的话容易导致自身代谢异常的患者血脂升高、胆固醇升高，对人体肝脏、肾脏的代谢负担加大。所以如果是有高脂血症或者高胆固醇血症的人群就不应该过度食用蛋黄，应当酌情考虑在医生的指导下进行饮食调整。

不过我们也不应一叶障目不见泰山，有证据表明蛋黄中的高密度脂蛋白（HDL）具有积极的作用。HDL被称为"好胆固醇"，因为它能够清除血液中的过量低密度脂蛋白（LDL，被称为"坏胆固醇"），并将其运送到肝脏代谢掉。一些研究表明，在限制碳水化合物的饮食中，蛋黄可以增加超重人群的HDL水平，而不会升高LDL水平，从而有助于改善脂蛋白水平和胰岛素敏感性，降低患冠心病、心血管疾病和II型糖尿病的风险。

所以，确定蛋黄的适量摄入量以避免健康风险需要考虑个体的健康状况和饮食习惯。对于健康的成年人，每天摄入一个鸡蛋（包括蛋黄）通常不会导致血液胆固醇水平升高，也不会增加患心血管疾病的风险。因此，每周可以摄入280~350g的蛋类，平均每天摄入40~50g，大约相当于一个鸡蛋。而对于患有心血管疾病、糖尿病或高脂血症的高危人群来说，建议每天摄入的胆固醇应控制在300mg以下。因此，这类人群每天最多可以吃一个蛋黄，每周不应超过两个蛋黄。

九、鸡蛋打开后蛋黄像橡胶球一样打不散，是不是遇到了假鸡蛋

这个标题有没有吓到读者们呢？橡胶球显然是不可食用的，而偏偏有些鸡蛋有时候打开之后蛋黄会出现像橡胶球一样打不散的情况，这不得不让人感到有些心惊肉跳。

为了让大家把心放到肚子里，开篇先将结论告知：这并不意味着你遇到

了假鸡蛋。多项研究表明，这种现象可能是由于鸡蛋在低温保存时间过长，蛋黄在低温下发生凝结变性，这种现象被称为凝胶化。凝胶化的机理主要是由于冻结和解冻过程中低密度脂蛋白颗粒失去其稳定的表面组分，导致低密度脂蛋白的结构重排和凝聚，从而形成网状凝胶结构。这种变化会导致蛋黄变得坚硬且流动性降低，影响其功能性质。

此外，还有一种可能是下蛋母鸡饲料中含有棉籽饼等成分导致的。对此，专家解释说，饲料中棉籽饼含量高时，蛋黄的感官性状就会发生改变，对蛋黄感官性状的具体影响主要表现为蛋黄的硬度和弹性增加。当饲料中含有较高比例的棉籽饼时，蛋黄会变得坚韧，类似橡皮，不易被捏碎，煮熟后还像乒乓球一样具有弹性。棉籽饼能导致这种现象的出现是因为其成分中具有棉酚和环丙烯类脂肪酸，这些物质会影响蛋黄膜的渗透性和蛋白质的结构，从而导致蛋黄硬度增加和弹性增强。

十、鸡蛋放冰箱，最长能放多久

许多家庭有存放食物的习惯，特别是一些老人，遇到超市大打折，会囤很多食物，吃不完的也先保存着。事实上，食物都有"寿命"，这个寿命可不是我们常说的保质期，而是食物的最佳食用时间，特别是对一些开封后的食物而言，要想安全又营养，最好在食物的"寿命"期限内吃完。

比如刚过完年，想必很多人家的冰箱，塞得满满当当都是鸡蛋，最多的还是亲朋好友送的。家里人丁少、做饭少的，感觉能吃到天荒地老。每次从冰箱里拿蛋时心里都会嘀咕，这蛋还能不能吃啊？最怕的是前面几个蛋都是好的，突然打进去一个"坏蛋"，或者鸡蛋打进锅里才发现坏了。很多朋友也会问，鸡蛋在冰箱里放了一两个月，闻起来没异味，应该没问题吧？其实，鸡蛋放太久，即使没到发臭的地步，鸡蛋各方面的品质也会下降。

鸡蛋的新鲜度是保证其营养和价值的关键。在鸡蛋贮藏过程中，蛋壳表面的胶护膜会随着贮藏时间的增加而变薄，空气中的水分、二氧化碳和微生物会越过蛋壳表面的胶护膜，通过蛋壳孔渗透到鸡蛋内，改变其营养价值，最终影响鸡蛋的新鲜度。存放时间对鸡蛋的影响有如下几个方面：

（一）营养方面

鸡蛋在冰箱存放过程中，维生素B_2、烟酸、叶酸和一些优质脂肪（如卵磷脂）会发生少量损失。随着新鲜程度的下降，鸡蛋中蛋白质、碳水化合物

和矿物质在短期内则没有什么变化。

（二）味道方面

鸡蛋放久了水分会蒸发，鸡蛋中的蛋白质和其他营养物质会发生分解，导致蛋黄膜失去弹性而破裂，蛋白变稀，蛋黄与蛋白相混，蛋内含硫挥发性成分开始降解，蛋腥味（硫味、屁味）加重，还可能吸味，出现"冰箱味"。过于浓重的蛋腥味和"冰箱味"，可能是很多人讨厌吃鸡蛋的理由。

（三）安全方面

鸡蛋越新鲜，其蛋内微生物种类和数量就越少。随着储存时间的延长，会带来安全风险，蛋壳表面以及空气中的细菌、霉菌等微生物随着鸡蛋表面气孔进入蛋内，包括一些对人体有害的细菌，如大肠杆菌和沙门氏菌等，导致鸡蛋出现粘壳、散黄等现象，这种被细菌污染的鸡蛋制成蛋制品被人们食用后将会引起食源性疾病。

研究表明，取当日的新鲜鸡蛋在4℃的冷藏条件下存放，其蛋黄的菌落总数和蛋白的菌落总数均在42天时显著增加，分别是35天时9倍和10倍，差异显著（$P<0.05$），35天时蛋黄中沙门氏菌、蛋白中的大肠杆菌和沙门氏菌数目分别是28天的53.37倍、5.27倍和3.44倍（$P<0.05$）。

所以，鸡蛋在冰箱里的存放时间，最好控制在一个月左右。参照国家和行业标准，散养鸡鸡蛋在4℃条件下的保鲜期约为28天，25℃条件下的保鲜期约为21天。但人们在购买时鸡蛋往往已经在超市储存了一段时间，所以建议购买鸡蛋最好以一周的量为宜。比如，一家三口每天每人吃一个，那么一次购买20枚左右就可以了，买回来放入冰箱前，如有脏物最好用干布擦干净，不要用水洗。

十一、八个被误导的鸡蛋认知，您都避开了吗

（一）蛋黄胆固醇过高，不能吃吗

有人认为，吃蛋黄会导致我们胆固醇摄入过高，因此吃鸡蛋时不敢吃蛋黄。健康的人不需要关注自己饮食胆固醇摄入量，且没有证据表明多吃胆固醇会导致高脂血症或心脏病。人体有一套自身调节胆固醇的途径，并不是"吃得多，血液里就多"。《中国居民膳食指南2016》也取消了每天饮食对胆固醇的限制。中国动脉粥样硬化性心血管病风险预测研究（China-PAR）指出，通过对15个省份10万余人长期随访发现，适量食用鸡蛋者的总死亡人数和患

心血管风险最低。

研究已经证实，适量吃鸡蛋不会增加胆固醇摄入。一个鸡蛋黄的胆固醇含量在300mg左右，人体对胆固醇的吸收率只有30%，随着食物胆固醇含量的增加，吸收率下降，300mg大约相当于1个鸡蛋中的胆固醇含量或3~4个鸡蛋的胆固醇吸收量。另外，蛋黄富含大量钙、磷、维生素D等人体必需营养素，因此，吃鸡蛋的时候可千万别再把蛋黄扔掉！有高脂血症及高胆固醇血症的人群需在医生指导下食用鸡蛋。

（二）双黄蛋是打了激素吗

双黄蛋的产生和激素无关。一般来说，鸡的一切情况正常，每天会排出来一颗卵黄，就会产生正常的鸡蛋。如果母鸡连续两次排卵的话，这两个卵黄就会包在一起，变成双黄蛋，甚至还会出现三黄蛋之类的。双蛋黄和多蛋黄表现在鸡蛋内有两个蛋黄或者多个蛋黄，而且通常是连在一起的。这样的鸡蛋相较于正常鸡蛋，一般个头比较大，蛋黄中含有的营养物质丰富，通常情况下双黄蛋和多蛋黄要比一个蛋黄的鸡蛋营养价值高一些。双黄蛋和激素无关，和运气倒有点关系。

（三）白壳蛋更好吗

鸡蛋蛋壳颜色是消费者在选购鸡蛋时最先感受到的特征，会显著影响消费者的选择，如西方消费者更喜欢白壳或褐壳鸡蛋，中国消费者更喜欢粉壳或红壳鸡蛋。可以这么说，根据蛋壳的颜色来判断鸡蛋品质是对鸡蛋的一种冒犯，因为蛋壳的颜色和鸡蛋的营养和质量并无关系，蛋壳的颜色实际上主要由产蛋鸡只的具体品种决定的。不同品种的蛋鸡，产下不同颜色的鸡蛋，但鸡蛋都是同样美味的。

（四）土鸡蛋营养价值更高吗

土鸡是经国家畜禽遗传资源管理机构认定的我国地方鸡品种，以及含有不低于50%地方鸡血统的培育品种（配套系），培育品种（配套系）体型外貌与产品特点符合我国地方鸡的基本特征。相较而言，土鸡蛋的蛋白质、碳水化合物、胆固醇、钙、锌、铜、锰含量略多一些，而脂肪、维生素A、维生素B_2、烟酸、硒等含量略少一些。总体来说，土鸡蛋和洋鸡蛋营养价值相差不大。另外，放养土鸡的产蛋环境卫生状况不好把控，鸡蛋受到粪便污染的可能性更大。但由于鸡吃的食物等因素，土鸡蛋中可能含有一些风味物质，让人觉得味道更好。

（五）不能在炒鸡蛋中加入牛奶吗

许多厨师，无论专业还是业余，都会嘲笑在炒鸡蛋中加入牛奶的做法，哪怕只是几滴。尽管有人担心这样烹饪出的鸡蛋是湿的，但确实没有理由抗议这种烹饪选择，尤其是当一勺牛奶或两勺牛奶可以让你的炒鸡蛋更柔软、更顺滑时。事实上，一些厨师甚至会添加一滴奶油或一勺奶油。

（六）一天可以吃多少个鸡蛋

适量食用，每天一个鸡蛋即可。《中国居民膳食指南（2022）》推荐每天一个鸡蛋。另外，对于每天到底能吃多少个鸡蛋，中华预防医学会2020年2月发布的《中国健康生活方式预防心血管代谢疾病指南》，还给出了这样的建议：

（1）健康成年人（没有血脂问题的）：建议每周摄入6~7个鸡蛋。

（2）高胆固醇血症和心血管高危人群：建议每天摄入胆固醇量小于300mg，约1个鸡蛋黄。

如果平时正餐奶类、肉类和鱼虾摄入不足，或者正在健身需要补充蛋白质的，多吃几个鸡蛋，也不用担心有问题。

（七）新鲜的鸡蛋总是最好剥的吗

一般来说，人们更喜欢新鲜的鸡蛋。然而，如果你煮鸡蛋的话，新鲜鸡蛋煮出来就会很难剥。因为在一定时间范围内，随着鸡蛋保存时间的延长，蛋壳膜与蛋壳分离得就越好，这样煮出来的鸡蛋就会很容易剥壳。如果你购买的鸡蛋特别新鲜，又想要很容易剥开鸡蛋壳时，可存放5~7天后进行煮制食用。

（八）所有的鸡蛋都含有沙门氏菌吗

我们常常看到鸡蛋含沙门氏菌导致消费者生病的报道，虽然有些鸡蛋确实含有沙门氏菌等有害细菌，但并不是每个鸡蛋都含有有害细菌。随着鸡蛋生产的规范化，目前市场上出售的大部分品牌鸡蛋都经过了品种净化（种鸡净化）、饲料和产后多道程序的清洁，一般不会含有沙门氏菌等有害细菌。

十二、一鸽胜九鸡，那么一枚鸽蛋是不是胜过九枚鸡蛋

鸽子肉，是一种高蛋白、低脂肪、肉嫩味美、营养价值极高的珍禽肉类，自古就有"一鸽胜九鸡"的说法。鸽肉的优质蛋白质含量可达22%，而脂肪含量仅为1%。此外，鸽肉富含钙、铁、铜等矿物质和维生素A、B族维生素、维生素E等营养素，以及人体必需的氨基酸，其维生素和氨基酸的含量，是鸡

肉的2~3倍。因此，鸽肉是人们十分推崇的滋补身体、增进健康的美食。

鸽子蛋是一种营养价值极高的食品，含有丰富的营养成分，对人体健康有多方面的益处。首先，鸽子蛋富含优质蛋白质，每100g含有约13g蛋白质，是鸡蛋白的两倍。蛋白质是人体生长发育、修复组织以及维持生命活动所必需的重要营养素。此外，鸽子蛋含大量卵磷脂、钙、铁、钾、钠、镁、锌、硒等多种微量元素和维生素A、B族维生素、维生素D等营养成分。这些营养成分有助于增强免疫力、保护心脏健康，并且能够降低胆固醇水平，特别是其铁元素和B族维生素的含量相较于其他蛋类更为突出。鸽子蛋中的不饱和脂肪酸有助于降低胆固醇水平，从而保护心脏健康。另外，鸽子蛋的卵磷脂含量比鸡蛋高3~4倍，这有助于改善皮肤细胞活性和皮肤弹性。从中医养生的角度来看，鸽子蛋味甘、性平，具有滋肝养肾、益精气的效果，对于因肾虚导致的腰膝酸软、心悸失眠等症状有极好的保健功效。因此，鸽子蛋被称为"动物人参"，是一种高级营养品，适合孕妇、儿童、病人等人群食用。

"一鸽胜九鸡"这一说法主要指的是鸽子肉的营养价值要高于普通鸡肉，而不是指单个鸽蛋或鸡蛋的营养价值。具体到鸽子蛋和鸡蛋的营养成分，在相同质量下，鸽子蛋在某些营养素上略高，但鸡蛋在其他营养素上更高。因此，一枚鸽蛋并不一定胜过九枚鸡蛋。

十三、鸽子的蛋白为什么是透明的

鸽蛋蛋白透明度，是指烹饪（带壳蒸、水煮或荷包等）熟化后，鸽蛋蛋白的透明程度或透光程度。鸽蛋在煮熟后，有的蛋白呈现白色不透明固体状，有的蛋白呈现透明胶冻状。相较于其他禽蛋白，鸽蛋蛋白黏附性、黏着性、凝胶硬度均最高，同时蛋白透明度存在差异也是鸽蛋特有的表观性状。蛋白透明的鸽蛋商品价值较高，受到广大消费者的偏爱，其外表晶莹剔透、温润亮泽、形似果冻、弹性十足。

鸽子蛋的蛋白之所以透明，主要是因为其含有大量的优质天然胶原蛋白。在煮熟后，蛋白质聚集体形成高度有序的凝胶结构，这些蛋白质会凝结成半透明状，宏观上表现为稳定的蛋白凝胶，使得鸽子蛋的蛋白呈现出晶莹剔透的质感。此外，鸽子蛋的蛋白中还富含功能基团如巯基，这些成分也对蛋白质的凝胶化过程有影响，进一步增强了蛋白凝胶的透光性。

此外，鸽子蛋的蛋白与鸡蛋不同，其蛋白质结构中存在更多的细链凝胶

网络，而非大块的蛋白凝聚体，这使煮熟后的蛋白依然保持较高的透光性。这种独特的蛋白质结构和成分组合是鸽子蛋蛋白透明的主要原因。

鸽子蛋煮熟后的透明度受多种因素的影响，像可能受到加热温度、加热时长以及蛋白本身的含水率、蛋白浓度等因素的影响。因此，不同情况下煮熟的鸽子蛋蛋白可能会呈现不同程度的透明度。

十四、有咸鸭蛋"油露松沙"，为什么没有咸鸡蛋

咸鸭蛋是以新鲜鸭蛋为主要原料经过腌制而成的再制蛋，其营养丰富，富含脂肪、蛋白质及人体所需的各种氨基酸、钙、磷、铁、微量元素、维生素等，咸味适中，老少皆宜。因咸鸭蛋蛋壳呈青色，外观圆润光滑，故又称"青蛋"。经腌制而成的咸鸭蛋，其蛋白质被分解为氨基酸，易于吸收，具有极高的营养价值。咸鸭蛋（图6-4）是一种风味特殊、食用方便的再制蛋，是佐餐佳品，色、香、味均十分诱人。

图6-4　咸鸭蛋

"油露松沙"是咸鸭蛋黄优良品质的标志。人们经常把是否流油视为咸鸭蛋腌制成功的标志。那么咸鸭蛋里的油，究竟是哪里来的呢？追根溯源，这还得从鸭蛋中的蛋白质说起。据研究，鲜鸭蛋黄中含有脂肪、蛋白质、糖类、卵磷脂、水分等物质，其中脂肪含量为30%~33%。在鲜鸭蛋黄中，蛋白质、脂肪和其他物质共同形成了一个分散均匀的乳状液，所以在外观上看起来没

有油。而鲜蛋在腌制过程中，盐通过蛋壳侵入蛋内，盐能降低蛋白质在水中的溶解度，使蛋白质沉淀出来，这个过程称为"盐析"。蛋白质被"盐析"以后，会缓慢地变性凝固，蛋黄的均匀胶体状态被破坏，而原本均匀分布在蛋黄中的小油滴慢慢积聚起来，变成大油滴，从而形成了"油露松沙"的现象。实验表明，盐的浓度越高，腌制时间越长，流油的效果会越明显。另外，加热可以进一步破坏脂蛋白结构，释放更多的油脂。

蛋类被腌制后口感风味都与之前大不相同，导致味道发生变化的原因，就是因为蛋黄。鸭蛋的蛋黄脂肪含量比鸡蛋、鹅蛋都高。每100g鸭蛋黄脂肪含量为33.8g；每100g鸡蛋黄脂肪含量为28.2g；每100g鹅蛋黄脂肪含量为26.2g。这就不难理解为什么会选择鸭蛋来腌制咸蛋了。

而鸡蛋的脂肪含量较鸭蛋低，腌制后口感干涩，没有咸鸭蛋那么美味。而且鸭蛋个头大，蛋黄约为整个蛋的35%，吃起来更过瘾！另外，鸭蛋的蛋壳较厚，在制作过程中不易破碎，能更好地保护鸭蛋内部。而鸡蛋的蛋壳较薄，腌制过程中容易破损。

腌制过程会导致疏水基团和蛋黄中的亲水基团和亲脂基团分离，破坏了这种乳化体系，内部的油脂聚集在一起就形成了看上去的"富得流油"的蛋黄。随着腌制时间延长，蛋黄里的水分不断地流失，蛋黄脱水和蛋白质凝胶结合后，蛋黄会变成一个球状凝聚体。这也是为什么腌制好的咸蛋，蛋黄会变成一个固态小球了。鸭蛋黄富含脂肪是它被做成咸鸭蛋的主要原因之一，另外一个原因是鸭蛋煮熟后没有煮鸡蛋好吃！为了方便保存，选择腌制无疑是最好的选择。

十五、说说鸡蛋、鸭蛋的学问

在人类的饮食文化中，禽蛋作为一种营养丰富、易于获取的食材，自古以来便占据着重要地位。其中，鸡蛋和鸭蛋作为最常见的两种禽蛋，不仅在日常饮食中扮演着不可或缺的角色，更承载着丰富的文化内涵和科学研究价值。接下来将从生物学差异、营养价值、烹饪应用以及文化象征等多个维度，深入探讨鸡蛋与鸭蛋的学问。

（一）生物学差异：从源头解析异同

从生物学的角度来看，鸡蛋和鸭蛋的差异源于产蛋动物的生理特性和生活习性。鸡作为家禽中的代表，其饲养周期短，产蛋效率高，使得鸡蛋成为

了最为普及的禽蛋之一。鸡蛋的外壳相对较薄，颜色多样，从白色到棕色不等，这主要取决于鸡的品种和饲养环境。

鸭相较于鸡，体型更大，生活习性更倾向于水边，因此鸭蛋的外壳更加坚硬且厚实，以保护自己在水中的孵化过程不受外界伤害。鸭蛋的颜色以青绿色为主，这与鸭子的羽毛颜色相呼应，也是自然选择的结果，有助于鸭蛋在野外隐蔽保护。此外，鸭蛋的蛋黄比例通常比鸡蛋大，这也是鸭蛋在腌制时更容易出油，口感更为丰富的原因之一。

（二）营养价值：自然的营养宝库

鸡蛋被誉为"全营养食品"，鸡蛋富含蛋白质、脂质、维生素、微量元素等营养物质以及长链 ω-3 脂肪酸、二十二碳六烯酸、溶菌酶、卵磷脂等生物活性物质，且鸡蛋易于消化，可提供大部分人体每日生长和维持机体健康所需营养。特别是蛋黄中的卵磷脂，对于促进大脑发育、改善记忆力有着积极作用。此外，鸡蛋中的抗氧化物质如叶黄素和玉米黄素，有助于保护眼睛免受紫外线伤害，预防眼部疾病。

鸭蛋同样营养丰富，与鸡蛋相比，鲜鸭蛋的胆固醇含量比鸡蛋要低，不足鸡蛋含量的 2/3，而卵磷脂含量却高出鸡蛋很多，也是其具有明显健康优势的重要因素之一。卵磷脂目前已作为药物用于动脉粥样硬化、脂肪肝等的治疗。值得一提的是，鸭蛋壳相对较厚，这在一定程度上延长了其保鲜期，但同时也使得烹饪时需要更长的时间来达到理想的熟度。

（三）烹饪应用：餐桌上的千变万化

在烹饪领域，鸡蛋和鸭蛋因其独特的口感和营养成分，被广泛应用于各种菜肴之中，展现出不同的风味特色。

鸡蛋因其细腻的口感和适中的大小，成为了早餐桌上的常客，如煮鸡蛋、煎蛋、炒蛋、荷包蛋等，每一种做法都能保留鸡蛋的原汁原味，同时满足不同人群的口味需求。在烘焙领域，鸡蛋更是不可或缺的原料，无论是蛋糕、面包还是饼干，鸡蛋的加入都能使成品更加松软、口感更佳。

鸭蛋则因其较大的体积和略高的脂肪含量，在烹饪上往往需要特别处理以充分发挥其优势。例如，咸鸭蛋通过腌制工艺，将盐分和香料渗透进蛋黄，形成了独特的风味和口感，成为许多地方特色小吃的重要组成部分。此外，鸭蛋还常用于制作皮蛋（松花蛋），其独特的制作工艺使得蛋黄和蛋白呈现出美丽的花纹，皮蛋口感鲜滑，是凉拌、煮粥或是直接食用的佳品。

鸡蛋与鸭蛋，这两种看似相似的食材，通过了解它们的营养价值、烹饪应用及生物学差异，我们能更加合理地利用这些自然资源。未来，随着科学技术的进步和人们对健康饮食的持续关注，鸡蛋和鸭蛋的研究与应用将会更加广泛，为人类的饮食文化增添更多色彩。

十六、一碗蒸鸡蛋，蕴含了哪些养生的道理

蒸鸡蛋，这一看似简单却又不失精致的菜肴，以其细腻滑嫩的口感赢得了无数食客的青睐。蒸鸡蛋特色风味的形成是在热处理过程中经过一系列反应产生的，主要包括蛋白质水解、脱氨作用、美拉德反应、脂质的氧化降解和氨基酸转型以及它们之间互相作用等。一碗热气腾腾的蒸鸡蛋，不仅是味蕾上的享受，更是对身体的一种温柔呵护，其背后所蕴藏的养生之道，值得我们细细品味。

（一）营养均衡，温和滋补

蒸鸡蛋的首要养生之处在于其均衡的营养价值。鸡蛋作为自然界中近乎完美的食物之一，含有丰富的优质蛋白质，易于人体消化吸收，蛋白质是构建和修复身体组织的重要物质基础。同时，鸡蛋中还富含多种维生素（如维生素A、维生素D、维生素E、B族维生素）和矿物质（如钙、铁、锌、硒），这些营养素对于维持人体正常生理功能、增强免疫力、促进生长发育等方面起着至关重要的作用。通过蒸制的烹饪方式，能够在最大程度上保留鸡蛋中的营养成分，避免高温油炸等烹饪手段可能带来的营养流失，使人体能够更直接、更有效地吸收这些宝贵的营养素。

（二）滋阴润燥，适宜四季

中医理论认为，鸡蛋性平味甘，归脾、胃经，具有滋阴润燥、养血安胎、补心宁神的功效。因感冒引起的咳嗽，同时伴有喉咙痛、鼻子干、嗓子干，或是有黄痰的，都可以吃白糖蒸鸡蛋；如果是感冒后，感觉全身发冷，流清鼻涕，后背发寒，那就改用红糖蒸鸡蛋。在干燥的秋冬季节，一碗温润的蒸鸡蛋能有效缓解口干舌燥、皮肤干燥等不适感，起到滋阴润肺的作用；而在潮湿闷热的夏季，它又能帮助调节体内水液平衡，达到清热解暑的效果。因此，无论四季如何更迭，一碗适时适量的蒸鸡蛋都能成为调养身体的良好选择。

（三）易于消化，老少皆宜

蒸鸡蛋的烹饪方式使得其质地细腻柔软，易于咀嚼和消化，这对于消化

系统较为脆弱的人群，如婴幼儿、老年人以及术后康复者来说，是极佳的食物选择。它既能满足身体对营养的需求，又不会给消化系统带来过大的负担，有助于促进营养的吸收和利用，加速身体的恢复过程。此外，蒸鸡蛋的清淡口味也适合作为日常饮食中的一部分，帮助调节口味，促进食欲，特别是对于食欲不振、消化不良的人群，更是一剂良方。

（四）情感联结，心灵慰藉

除了物质层面的养生，蒸鸡蛋还承载着一种情感的联结与心灵的慰藉。在许多家庭中，蒸鸡蛋常常作为一道家常菜出现在餐桌上，它不仅满足了家人对美食的追求，更成为了传递爱与关怀的媒介。一碗亲手制作的蒸鸡蛋，无论是给忙碌一天归家的亲人，还是为生病中的亲人提供营养，都蕴含着深深的情感与温暖，有助于缓解压力，增进家庭成员之间的情感交流，从而在精神层面上也起到了养生的作用。

总而言之，一碗看似普通的蒸鸡蛋，实则蕴含着丰富的养生智慧。它不仅是一种营养均衡、温和滋补的食物，更是一座连接身体与心灵的桥梁，以其独特的魅力，默默守护着我们的健康与幸福。在快节奏的现代生活中，不妨偶尔放慢脚步，为自己或家人准备一碗热气腾腾的蒸鸡蛋，让这份简单而纯粹的美味，成为滋养身心的美好时光。

十七、聊一聊流传千年的古方——鸡子黄汤

在中医的浩瀚典籍中，流传着许多古老而有效的方剂，其中"鸡子黄汤"以其独特的疗效和悠久的历史，备受推崇。鸡子黄汤，顾名思义，是以鸡蛋黄作为主要成分的一种中药汤剂。它不仅在民间有着广泛的应用，而且在古代医学文献中也有详细的记载。

早在晋唐时期，食疗专著中已有关于鸡蛋黄的药用记载。随着时间的推移，鸡子黄汤的配方和功效逐渐得到完善。到了清代，《通俗伤寒论》中记载的阿胶鸡子黄汤，更是将鸡子黄的药用价值发挥到了极致。阿胶鸡子黄汤是由经方黄连阿胶汤变化而来，以养阴为主，加熄风通络药，用于治疗温热病后期引起的肢体抽搐、手足活动不能自如等病症。

鸡子黄汤的组成相对简单，但制作过程却有一定的讲究。以百合鸡子黄汤为例，其组成包括百合50g和鸡蛋黄1枚。制作时，将百合洗净，浸泡一晚，加清水400mL，煎煮至200mL，再将鸡蛋黄搅匀倒入汤中即成，也可以根据个

人喜好添加适量的白糖或冰糖调味。阿胶鸡子黄汤的组成则更为复杂，包括阿胶、生白芍、石决明、双钩藤、大生地黄、清炙草、生牡蛎、络石藤、茯神木等多种药材，以及两枚鸡子黄，制作时，需将药材煎煮至一定程度，再加入鸡子黄，搅拌均匀。

鸡子黄汤之所以流传千年，与其显著的疗效密不可分。鸡蛋黄富含蛋白质、维生素和矿物质，能够提供充足的营养，帮助身体产生更多的精气血，从而增强体力和抵抗力。此外，鸡蛋黄还具有一定的滋润成分，可以起到润肺止咳的作用。对于干咳不止、咳嗽无痰或少痰的人群来说，鸡子黄汤可能有一定的缓解作用。同时，鸡蛋黄有温和的滋补作用，适量摄入可帮助调理肠胃，改善消化功能。

十八、滋阴养血的老食方——当归炖蛋

众所周知，当归炖蛋是一款食补汤品，简称为当归蛋，具有补气补血的功效，特别适合身体虚弱的女性食用。当归蛋中的当归是一味中药材，富含叶酸、亚叶酸、氨基酸、生物碱以及钾、钙、镁、锌等微量元素，营养丰富，因此，当归具有补血养肝、和血调经、增强免疫功能、补血活血等功效，对于人体健康有益。如果女性朋友经常有月经不调、面色发暗、两胁胀满、面部色斑明显等症状，就可以吃当归蛋，这是治疗妇科病很好的药膳。当归蛋的做法如下：

（1）鸡蛋3只放入锅中，加冷水没过鸡蛋，加少量盐搅拌，水烧开后小火煮10分钟（加入盐可以防止鸡蛋破裂时蛋白流出，盐可以使蛋白质凝固）。

（2）鸡蛋捞出，用冷水浸泡一下，去掉鸡蛋壳。

（3）用牙签或针，在鸡蛋表面刺一些小孔，与9g当归和3碗水一起煮，更容易渗到鸡蛋内。

（4）大火煮开，小火炖，煮汤至一碗即可，盛出享用，吃鸡蛋喝汤。

当归蛋一般可以一天吃一次，或者依据个人的不适症状听取医生建议决定食用的次数。当归蛋一般经期前后吃，经期前吃可以缓解痛经，经期后吃可以调理月经，活血补血。月经期间建议最好不要吃。当归毕竟属于药物，注意不要经常服用。由于当归药性偏于滋腻，所以，长期大量服用，会妨碍消化，导致食欲减退。此外，还需要提醒一下，当归会影响子宫收缩，孕妇、哺乳期的母亲不适合吃当归蛋。当归蛋一般具有补气养血、补充营养、润肠

通便、健脾益胃、提高免疫力等功效，可以改善乏力气短、面色苍白、月经不调、失眠多梦等不适症状。

十九、超健康的吃法，缓解高血糖、高血压等问题

每天吃几个鸡蛋合适？怎么吃才更健康呢？美国波士顿大学的研究人员给出了解答。他们在营养学期刊Nutrients上发表的新研究发现，每周吃5个或更多鸡蛋，与参与者患糖尿病和高血压的风险降低有关。此外，如果与其他健康饮食模式相结合，吃鸡蛋的好处还会更加明显。这项研究纳入了2349名年龄在30~64岁的参与者。在4年多的随访中，研究人员通过他们的饮食记录，分析了吃鸡蛋与高血压和糖尿病患病风险之间的关联。

鸡蛋摄入量影响血糖和血压分析结果显示，当鸡蛋与较大量的乳制品、鱼类、膳食纤维、水果和非淀粉类蔬菜一起吃时，鸡蛋对空腹血糖和血压的有益影响得以加强。从鸡蛋和奶制品摄入量看，这两种食物摄入量都较高的参与者，其空腹血糖水平比摄入这两种食物较低的人低2.3mg/dL。鸡蛋摄入量高和高膳食纤维摄入量高的参与者，其收缩压和舒张压水平也较低。此外，较高的鸡蛋和膳食纤维摄入量与较低的空腹血糖水平相关。总体来说，较高的鸡蛋摄入量使高血压或Ⅱ型糖尿病的发生风险较低。相较于几乎不吃鸡蛋的参与者，每周吃5个或更多鸡蛋的参与者，Ⅱ型糖尿病和空腹血糖受损风险降低28%，高血压风险降低了32%。在饮食模式中将鸡蛋和其他健康食物一起吃时，空腹血糖受损和Ⅱ型糖尿病的发病率降低。值得一提的是，包括鸡蛋以及高膳食纤维、鱼类和全谷物的饮食模式，使糖尿病风险显著降低26%~29%。多吃鸡蛋、乳制品、鱼类、膳食纤维、水果和非淀粉类蔬菜的饮食模式，能使高血压的患病风险降低25%~41%。论文指出，目前的研究显示，在对健康成年人为期4年多的随访中，每周吃5个或更多鸡蛋对空腹血糖没有不良影响。同时，较高的鸡蛋摄入量与较低的空腹血糖水平有关，而超重人群从鸡蛋中获益更多。

二十、"毛鸡蛋"能不能吃？什么是"活珠子"

"毛鸡蛋"和"活珠子"是两种不同的食品，它们在孵化阶段和食用安全性上存在显著差异。

"毛鸡蛋"是指在孵化过程中由于温度、湿度不当或细菌感染等原因

导致鸡胚停止发育的死胎蛋。这种鸡蛋在孵化过程中可能已经消耗了大部分营养成分，并且可能含有寄生虫、沙门氏菌、大肠杆菌等致病菌，食用后容易引起消化道疾病。因此，"毛鸡蛋"存在一定的食品安全风险，不建议食用。

"活珠子"的外表和鸡蛋相同，可食用部分却完全不同。爱吃的人觉得它特别"鲜"。所谓的"活珠子"，就是非禽疫区、健康种鸡蛋孵化至12日到13日（鸡的平均孵化期为21天），正在孵化中的鸡胚胎。由于这个阶段的胚胎在透照下貌似珍珠，因此被称为"活珠子"。

江苏省卫健委于2017年发布并实施了DBS 32/007—2016《食品安全地方标准 熟制鸡胚蛋（活珠子）》。根据要求，一枚合格的"活珠子"应当蛋壳完整，胚胎液色泽浅黄，清亮略浑浊，鸡胚胎形态完整，无胎毛或有少量细微绒毛，蛋黄松软，气味正常，无异味。挥发性盐基氮项目、重金属元素铅、镉，以及菌落总数、大肠菌群、金黄色葡萄球菌、沙门氏菌、志贺氏菌等微生物指标均符合相关标准规定。

"活珠子"和"毛鸡蛋"不一样，"毛鸡蛋"是孵化失败的、已经死掉的鸡（鸭）胚胎。从外形来看，"活珠子"一般无毛或者只有少量细微的绒毛，而"毛鸡蛋"的毛比较多，"活珠子"会有一个蛋白硬块，而"毛鸡蛋"一般并没有。孵化阶段，"毛鸡蛋"是孵化失败的死胎蛋，而"活珠子"是正在孵化中的健康胚胎。从安全性上看，"毛鸡蛋"由于可能含有致病菌，食用存在风险；"活珠子"在适当处理后可以安全食用。营养价值方面，两者在营养价值上有差异，"活珠子"营养成分明显高于"毛鸡蛋"。

值得注意的是，"毛鸡蛋"是一种存在食品卫生风险的食品，《中华人民共和国动物防疫法》第二十九条明确规定："毛鸡蛋"这种死因不明的食物是不能销售的。鸡胚胎在生长发育的过程中，蛋白质、多种矿物质元素（钙、磷等）、维生素E、维生素B_1等营养物质都有所增加，但并不存在坊间言论中提到的神奇营养和功效，大家一定要科学看待。

虽然"活珠子"营养丰富口感独特、味道鲜美，但也不是人人都适合食用。由于"活珠子"介于鸡蛋和鸡之间，有鸡蛋过敏史者最好不要食用。此外，"活珠子"底部的硬块实际上是硬蛋白质，可以食用，但其不易消化，因此不建议老人和儿童食用。

二十一、换个方式吃鸡蛋——鸡蛋干

鸡蛋干是一种将鸡蛋通过特定工艺加工而成的休闲食品，近年来因其独特的口感和营养价值而受到消费者的喜爱。以下将从鸡蛋干的营养价值、制作方法、健康益处以及市场前景等方面进行详细探讨。

（一）鸡蛋干的营养价值

鸡蛋干的主要原料是鸡蛋，每100g鸡蛋含有约13g蛋白质，其蛋白质含量高且氨基酸组成比例适合人体需要，是自然界中最优质的蛋白质来源之一。此外，鸡蛋还富含维生素D、维生素E、维生素K、维生素B_6、钙和锌等微量营养素。这些营养成分使得鸡蛋干成为一种营养全面的食品。

在鸡蛋干的制作过程中，通过添加魔芋粉、菊粉和聚葡萄糖等膳食纤维，可以进一步提升其营养价值。这些膳食纤维有助于降低脂肪和钠含量，同时增加纤维含量，改善口感和质构特性。

（二）鸡蛋干的制作方法

鸡蛋干的制作工艺包括挑拣、清洗、打蛋、打浆、配料、成型、卤制、冷却、包装和杀菌等多个步骤。这一系列工艺确保了鸡蛋干的口感细腻、风味独特且开袋即食。

为了保证产品的安全性，鸡蛋干在生产过程中需要严格控制微生物污染。根据GB 2749—2015《食品安全国家标准　蛋与蛋制品》的规定，鸡蛋干在保质期内应具有正常的色泽、滋味和气味，无异味或酸败现象。

（三）鸡蛋干的健康益处

鸡蛋干作为一种营养丰富的食品，对人体健康有多方面的益处。鸡蛋干提供的优质蛋白质有助于身体修复和维护组织健康。鸡蛋干中的膳食纤维有助于改善肠道健康，促进消化系统的正常运作。鸡蛋干中还含有丰富的维生素和矿物质，有助于增强免疫力和预防慢性疾病。

每天适量食用鸡蛋干还可以提供大脑所需的胆碱和卵磷脂，有助于促进记忆力提升。同时，鸡蛋干中的叶黄素和玉米黄质对眼睛健康也有积极作用。

（四）市场前景

随着人们生活水平的提高和健康意识的增强，鸡蛋干作为一种方便快捷且营养丰富的食品，市场需求逐年增加。特别是在现代快节奏的生活中，鸡蛋干以其开袋即食的特点，成为许多消费者的选择。

鸡蛋干在生产和销售过程中也面临一些挑战。例如，如何保证产品的微生物安全性和保质期是一个重要问题。如何在保持传统风味的同时，通过创新工艺提升产品的营养价值和口感，也是未来发展的关键方向。

二十二、鸡蛋食用品质专业测评方法

在专业的感官品评室，专业感官品评人员按照标准的方法对鸡蛋的食用品质进行测评。

（一）感官品评室

需要封闭、安静的区域，感官品评区（图6-5）应设置独立的评价间，安装具有可控电源的照明系统，安装通风系统，检验区墙壁宜为白色，内部设施的颜色也均宜为中性色；设施表面确保无味。

环境的温度、湿度若对人体不合适，人体体温将受到影响，不仅会给评价员带来不快感，而且对味觉、嗅觉等也有较大的影响，因此检验区的温度和湿度应恒定和适宜，应尽量让评价员舒适。一般室温在21~25℃，相对湿度控制在40%~75%。

样品制备区和感官品评区隔开，气味和噪声等不会对品评区造成干扰，但品评区与样品制备区需要紧邻，保证样品传递短时、安全。

图6-5 感官品评室

（二）感官评价员

经过筛选、培训、考核后满足特定能力要求的感官评价人员（图6-6）。

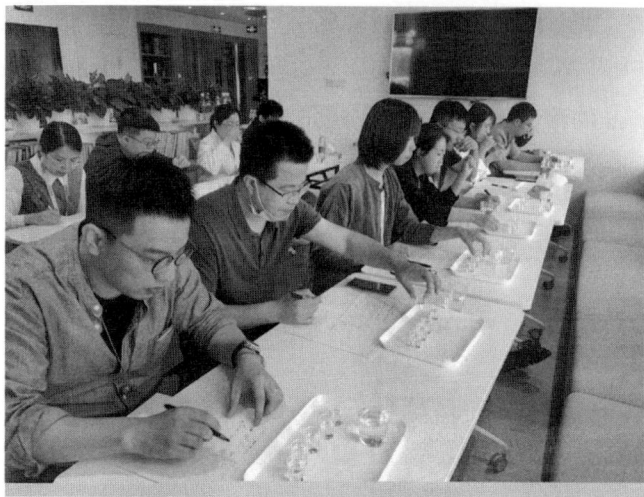

图6-6　感官评价员

（三）常用的鸡蛋感官测评方法

鸡蛋的食用品质和加工方法息息相关，但最能体现鸡蛋本身的食味品质的做法仍然是全熟白煮蛋，这也是我们日常最常用最普遍的一种食用方式。

常选取的鸡蛋测评指标如下：生蛋蛋黄状态（如轮廓清晰度、胚胎发育程度等），生蛋蛋白状态（如黏稠度、透明程度、浓稀蛋白状态等），生蛋杂质（如血斑、肉斑、异物等），熟蛋气室大小，熟蛋腥味，熟蛋香气种类及浓郁度，熟蛋苦味、涩味、鲜味等滋味的浓郁度，熟蛋蛋黄顺滑度，熟蛋蛋白的硬度、弹性、嫩度等。

经过消费者调研及数据分析发现，消费者对白煮蛋的食品品质关注的指标更多的是煮熟后鸡蛋的腥味，熟蛋苦味、涩味、鲜味等滋味的浓郁度，蛋黄和蛋白的口感。其生蛋状态往往因为加工过程的原因看不见，所以关注较少。

（四）经过测评的产品数据展示

以熊猫指南感官实验室为例，其对鸡蛋进行测评后，将鸡蛋的主要特点进行总结，将各个维度的表现以蛛网图（图6-7）的形式进行展示，能够清晰的解读该鸡蛋的整体特点。

蛋香浓郁　　蛋黄很绵密　　蛋白水嫩

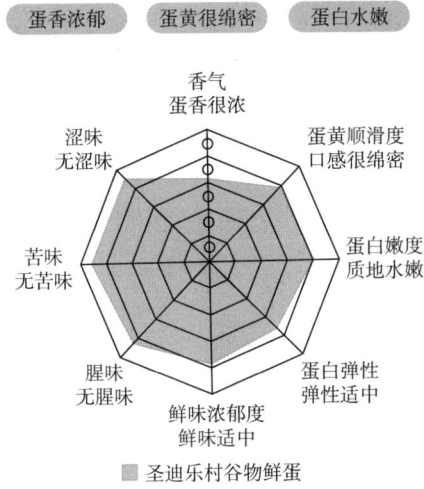

图6-7　蛛网图

本数据由熊猫指南——中国优质农产品榜单提供

■ 圣迪乐村谷物鲜蛋

第七章
鸡蛋营养品质问答

　　鸡蛋是我们日常饮食中不可缺少的食物，它几乎包含了人体所需的全部营养，被誉为"理想的营养库"，其在促进生长发育、健脑益智、保护视力、辅助延缓衰老等方面都有积极作用。我国作为养禽大国，禽蛋种类多样，其中鸡的遗传资源最为丰富，且随着人们对营养需求的增长，市场上也出现了许多功能性鸡蛋。也因此出现了许多问题，比如哪种禽蛋的营养价值最高、市场出现的鸡蛋品种中营养物质含量相差是否较大、功能性鸡蛋是否是"智商税"，以上问题给消费者选购鸡蛋时造成了困扰。那么接下来，让我们一起探究各种鸡蛋的营养成分及差异、健康益处以及最利于营养成分留存的食用方法及储存方法吧！

一、禽蛋中有哪些常见营养物质？哪种禽蛋最有营养

　　日常生活中，食用蛋类是人体摄取重要营养物质的来源之一，常见的禽蛋包括鸡蛋、鸭蛋、鹅蛋、鹌鹑蛋、鸽子蛋等。那么它们都有哪些营养物质呢？哪种禽蛋营养价值会更高呢？

　　禽蛋的主要营养物质包括蛋白质、脂肪、维生素、矿物质和碳水化合物这几大类，不同禽蛋的营养物质含量会存在些许差异，以下将按照营养物质分类，带大家了解禽蛋间的营养差异。

（一）蛋白质

　　蛋类是优质蛋白质的来源，其含量一般在10%以上，易被人体消化吸收。

　　不同品种之间存在一定差异，鸡蛋中全蛋蛋白质的含量最高，平均约13.3g/100g，其次为鸭蛋和鹌鹑蛋，平均在12.6~12.8g/100g，鹅蛋最低，约为

11.1g/100g。蛋类的氨基酸构成及比例非常符合人体需求，被称为"完美蛋白质模式"，其中含有8种人体必需氨基酸，且必需氨基酸与总氨基酸和非必需氨基酸的占比均超过WHO/FAO理想蛋白质标准中要求的40%、60%。其中鸽蛋蛋清中支链氨基酸占比较高，健身人士或许可以考虑。

氨基酸构成不仅在营养价值上存在差异，对口感和风味也有一定影响。例如，鸡蛋中的鲜味氨基酸（天冬氨酸、谷氨酸、甘氨酸、丙氨酸）比鹌鹑蛋低，但是比鹅蛋高，所以按照鲜味来排序，鹌鹑蛋＞鸡蛋＞鹅蛋。

（二）脂肪

禽蛋中的脂肪几乎都储存在蛋黄中，鸡蛋煮熟后闻起来会有蛋香味就是蛋黄中的脂肪，尤其是不饱和脂肪酸的种类及含量对香味的产生影响很大，且脂肪含量还会影响鸡蛋的适口性。已有许多学者研究对比了不同禽蛋中脂肪酸含量及差异：

（1）鹅蛋脂肪含量最高，为32.3g/100g左右，其次为鹌鹑蛋和鸭蛋，约为30.0g/100g，最后为鸡蛋和鸽蛋，约24.4g/100g。

（2）鹅蛋和鸽蛋的单不饱和脂肪酸含量最高，约49.5g/100g，其次是鸡蛋，为48.4g/100g，再次是鹌鹑蛋，在47.8g/100g左右，最后是鸭蛋，在47.1g/100g左右。

（3）鸽蛋的单不饱和脂肪酸含量最高，为19.1g/100g左右，其次为鸭蛋，为18.1g/100g左右，再次为鸡蛋和鹌鹑蛋，在16.3g/100g左右，鹅蛋最低为12.3g/100g。

（4）ω-6/ω-3脂肪酸比例从低到高分别为：鹅蛋（6.9）、鸭蛋（12.4）、鹌鹑蛋（15.6）、鸽蛋（15.5）、鸡蛋（17.1）。

（5）鸽蛋中胆固醇含量最高，鸡蛋最低。

单不饱和脂肪酸可以改善胆固醇水平，降低心脏病发作风险；多不饱和脂肪酸对防治冠心病、高血压、自身免疫异常及癌症等疾病有重要作用；其中的ω-3和ω-6系列，人体无法合成，需要从食物中获取，虽然禽蛋的蛋黄不是唯一来源，但至少是物美价廉的获取途径之一。

（三）维生素

维生素是维持人体正常生命活动所必需的一类有机化合物，有着各种不同的功效。如维生素A对保护视力有着重要作用、维生素B_1具有维持人体正常代谢和生长发育的作用、维生素D具有调节钙磷吸收和骨质钙化的作用等。禽

蛋中的维生素含量丰富且种类齐全，是人体摄取维生素的重要来源。不同禽蛋的维生素种类及含量各不相同，鸡蛋维生素D含量高；鸭蛋和鹅蛋的维生素B_{12}显著高于其他几种蛋；而鹌鹑蛋的维生素B_2最为丰富。不过，禽蛋里的其他十多种维生素，多数成分的含量基本一致。总体而言，并没有哪种蛋的维生素含量处于绝对领先位置。这可能与饲养方式和饲料的配方有关，与品种关系较小。

（四）矿物质

钾、钠、钙、磷、镁、锌、铁、硒、铜、锰等，是禽蛋中可检出的矿物质，且它们中绝大多数都存在于蛋黄中，其中钾、钙、磷、镁是含量较高的几种矿物质元素。钙有助于骨骼发育且在免疫功能和中间代谢过程中发挥作用；镁可预防心血管疾病，利于中老年人群。与维生素相同，不同禽蛋中的矿物质种类和含量各不相同，但差异不大，不存在哪种蛋的矿物质含量极高或极低的情况。

（五）碳水化合物

蛋类中碳水化合物的含量很低，每100g平均只含有2~3g，基本可以忽略不计。因此对于想要减肥的人来说，可以早起吃一个水煮蛋，不仅可以帮助减肥，还可以有效增强体力。

总的来说，不论哪种禽蛋，虽然具体营养素含量有些许差异，但本质上没有太大区别。吃哪一种，营养差别都不太大。如果非要选出一种的话，综合来看，无论是蛋白质的含量和质量，还是脂肪酸及胆固醇的含量，鸡蛋都是各种禽蛋中的最优选择，且性价比较高。其次是鸭蛋。对于没有疾病的成年人来讲，每天一个鸡蛋，可以成为健康饮食的一部分。

二、鸡蛋一天吃几个最健康

鸡蛋作为廉价且营养丰富的食物，成为人们日常生活必不可少的食材。但关于鸡蛋的争议也有很多。有人说鸡蛋黄胆固醇含量高，吃多了会导致高胆固醇血症、高脂血症，每天只能吃一个；还有人说鸡蛋吃多了会得胆结石等。那么，鸡蛋到底一天最多吃几个最健康？下面我们来详细说说。

（一）正常成年人建议每天吃一个鸡蛋（全蛋）

首先，根据《中国居民膳食指南（2024）》的准则和核心推荐，正常成年人每周应摄入280~350g蛋类，以一个鸡蛋50~60g计算，是每周吃6~7个鸡蛋，平均也就是每天1个鸡蛋。且吃鸡蛋不能丢弃蛋黄，蛋黄含有丰富的营养成分，对任何年龄人群都具有健康益处。

其次，从大家担心的胆固醇角度来讲，根据《中国血脂管理指南（2023）》中的推荐，成人每日胆固醇摄入量应不高于300mg，而一个鸡蛋的胆固醇含量大概为300mg，考虑到其他食物中也会提供一定量胆固醇。因此，每天吃1个鸡蛋对于身体健康的成年人来说，是适宜的。

（二）孕期、哺乳期、青春期学生、健身增肌和大病初愈恢复期的人士，建议一天最多吃3个鸡蛋

对于孕期、哺乳期妇女，以及处于青春期的中学生、健身增肌和大病初愈恢复期的人来说，他们对优质蛋白质的需求往往比普通人更大，将鸡蛋作为补充优质蛋白的来源是很好的方式。

如果日常饮食中动物性食物的比例不大，只要注意鸡蛋的烹饪方式，采取蒸、煮等少油无油方式，每天吃2~3个鸡蛋问题不大。

当然，如果日常饮食中的鱼、禽、肉、蛋，奶及奶制品的摄入量超过膳食指南推荐的摄入量（畜禽肉40~75g，水产品40~75g，蛋类40~45g，奶及奶制品300g），那么不建议再额外增加鸡蛋的摄入量，保持每天1个鸡蛋即可。

（三）高脂血症人群，要注意控制脂肪总摄入量，其中鸡蛋建议一天不超过1个，一周不超过5个

对于高脂血症人群来说，他们的脂类代谢已经出现了问题，体内自我合成胆固醇的调节能力比不上正常人，因此对于胆固醇的摄入要格外注重。

根据卫健委2024年发布的《成人高脂血症食养指南》，高胆固醇血症者每天胆固醇摄入量应该控制在200mg以内。也就是说，吃1个鸡蛋就可能会面临胆固醇摄入超标的风险。如果这类人群的日常饮食中摄入较少的高胆固醇食物，如动物内脏（脑、肝、心）、虾等，也没有摄入过多油脂（尤其是动物油脂和高油的加工食品），那么建议每天吃不超过1个鸡蛋。如果摄入了比较多的高胆固醇食物，那就要相应控制鸡蛋的摄入，比如吃半个蛋黄。

（四）肥胖人群，要注意控制总膳食摄入量，包括鸡蛋

对于肥胖人群来说，需要控制饮食能量和脂肪的摄入量，且肥胖人群可能会存在较高的血脂水平，那么应按照上述建议，一天摄入1个以内的鸡蛋，可以选择其他食物补充优质蛋白，如低脂脱脂奶、大豆类、低脂瘦肉等。

建议肥胖人群在减重期间，控制饮食，在清淡饮食的基础上，采用蒸、

煮鸡蛋以提供优质蛋白、矿物质和维生素等营养物质，也可根据膳食指南推荐，结合新鲜的果蔬、杂粮等食物，作为减重饮食搭配，使营养更加均衡。

（五）对鸡蛋过敏人群

鸡蛋过敏大多体现在婴幼儿时期，因鸡蛋是婴幼儿早期添加的主要固体食物之一。鸡蛋的过敏原主要存在于蛋白中，蛋白中含有20多种过敏原，其中卵类黏蛋白是鸡蛋白中最具特征的过敏原。蛋黄中过敏原种类相对少很多，最主要为α-卵黄蛋白。

鸡蛋过敏人群应尽量避免进食鸡蛋和任何含鸡蛋的加工食品，但其实日常生活中很难完全避免。随着年龄增长，多数鸡蛋过敏患儿的症状会逐渐减轻，并产生耐受。因此，随着年龄的增长，可以尝试吃一些鸡蛋。如果过敏反应依然严重，那么可通过增加鱼、肉等其他动物性食物的摄入量来摄取优质蛋白质、脂肪和脂溶性维生素等营养成分。

三、蛋黄中脂肪含量较高，减肥、减脂人群应注意什么

鸡蛋是一种营养价值很高的食物，蛋白中含有丰富的蛋白质且热量低，但是蛋黄中含有较多的脂类物质，热量相对较高，所以很多人在减肥、减脂时期只吃蛋白，不吃蛋黄。那么减肥、减脂人群到底能不能吃蛋黄？吃蛋黄会不会长胖？要注意什么？

首先我们要知道，蛋黄和蛋白的蛋白质都是优质蛋白，消化率都很高，但蛋白绝大部分成分都是水，且钙、铁、锌、硒等含量远远低于蛋黄。因此，如果只吃蛋白不吃蛋黄，那么摄入的营养物质含量将会少很多。其次，虽然蛋黄中的脂肪含量较高，一般约为30g/100g，且脂肪的供能占比高达75%。中国居民膳食指南推荐每日食物中脂肪供能比例为20%~30%为佳，从这点来看，蛋黄并不适合多吃。但是，正常食用的情况下，蛋黄对于长胖的影响并不是很大。

蛋黄中确实含有一定量的脂肪，但大多是有益的脂肪酸，其中油酸含量最高，属于不饱和脂肪酸，食用之后会在血液中和胆固醇结合，生成高密度脂蛋白，对血液中的饱和脂肪酸有清除作用，同时可保护血管防止硬化。而且蛋黄中含有的卵磷脂是一种乳化剂，能够使脂肪和胆固醇乳化成极小的颗粒，从血管排出后为机体所利用。

所以一般来讲，在减肥期间吃鸡蛋是可以吃蛋黄的，不过要注意量，一

天最多一个鸡蛋就足够了，可搭配其他优质蛋白质、脂类物质。

鸡蛋中其他营养成分，不仅为人体提供所需营养，还能够帮助机体加快新陈代谢，对于热量消耗以及脂肪燃烧方面都具有极其重要的作用，因此吃鸡蛋黄不仅不会影响到减肥的效果，反而是适量吃鸡蛋黄可以起到很好的减肥效果。

四、蛋白 VS 蛋黄，谁的蛋白质含量高

一个健康的成人，每日建议摄入60g左右的蛋白质，平均到一日三餐的话，每顿饭需要吃够20g的蛋白质。很多人都知道一个鸡蛋中含有约6.5g的蛋白质，同时，很多人认为鸡蛋中的蛋白质基本都在蛋白中，实际上是这样吗？

首先，让我们来看看鸡蛋的质量和成分。一般一个鸡蛋质量为45~55g。一个鸡蛋（代表值）中约有13.1%的蛋白质、8.6%的脂肪，2.4%的碳水化合物，75.2%的水分，还有少量的维生素和矿物质。一个鸡蛋蛋白和蛋黄的质量是根据鸡的品种、饲养方式、饲料、环境等因素而定的，一个约50g鸡蛋的蛋白和蛋黄分别约为35g和15g，也就是说，蛋白和蛋黄的质量比例大约是2∶1。

先来说说鸡蛋白。鸡蛋白，也就是蛋白，其最显著的特点就是蛋白质含量高。每100g的蛋白中含有约11.6g的蛋白质，这些蛋白质是优质蛋白质，与人体的蛋白质构成比较接近，易于被人体吸收和利用，对于维持人体的正常生理功能、修复组织以及增强免疫力都有着重要的作用。对于健身爱好者或者需要补充蛋白质的人群来说，鸡蛋白无疑是一个很好的选择。而且，鸡蛋白中不含胆固醇和脂肪，对于那些关注心血管健康或者想要控制体重的人来说，是非常理想的。此外，鸡蛋白中还含有一些溶菌酶、G_2球蛋白、G_3球蛋白等天然抗菌物质，具有一定的抗菌、抗病毒作用。

鸡蛋白中的营养成分并非只有蛋白质，它还含有少量的钙、磷、锌等矿物质以及一些B族维生素。但总体来说，鸡蛋白的营养成分相对比较单一，主要以蛋白质为主。

再看鸡蛋黄。鸡蛋黄一直以来都是备受争议的部分，争议的焦点就在于它的胆固醇含量，这使很多人对鸡蛋黄望而却步，担心食用后会导致胆固醇升高，进而引发心血管疾病。但事实上，科学证据表明，适量摄入蛋黄并不会明显影响血清胆固醇水平，也不会成为引起心血管等疾病的危险因素。而

且，蛋黄中含有丰富的卵磷脂，这种物质具有调节和控制血胆固醇的作用。也就是说，鸡蛋黄虽然胆固醇含量高，但它自身具有一定的调节胆固醇的效果。

除了卵磷脂，鸡蛋黄中还富含多种营养成分。首先，它的蛋白质含量也不低，每100g蛋黄中含有约15.2g的蛋白质，比蛋白的蛋白质含量还要高。其次，蛋黄中含有丰富的维生素，如维生素A、维生素D、维生素E、维生素K以及多种B族维生素等。此外，蛋黄中还含有铁、锌、硒等多种矿物质，这些矿物质对于维持人体的正常生理功能、免疫系统以及新陈代谢都有着不可或缺的作用。

五、初生蛋更有营养吗

初生蛋通常指的是小母鸡在开产前30~60天所产下的首批蛋，也被称为开窝蛋或初产蛋。这类鸡蛋因其声称的独特营养价值和潜在的健康益处而在市场上备受瞩目。然而，关于初生蛋是否真的相较于普通鸡蛋拥有更高的营养价值，科学界和消费者之间存在着不同的观点和争议。

从营养成分的角度来看，一些资料确实指出初生蛋在某些方面可能更为优越。例如，有观点认为初生蛋含有更高的蛋白质、卵磷脂以及维生素E等营养素。卵磷脂作为一种重要的磷脂成分，被广泛认为对大脑发育和记忆力的提升具有积极作用，因此初生蛋常被冠以"智慧之源"的美名。此外，初生蛋中的胆固醇含量相对较低，这一特点使其在维护心血管健康方面可能具备一定的优势。

然而，尽管初生蛋在某些微量元素上可能展现出微小的优势，但这些差异在日常饮食中的实际影响却是微乎其微的。多位营养学专家指出，目前尚未有确凿的科学证据能够证明初生蛋的营养素含量明显高于普通鸡蛋。以维生素E为例，尽管其在初生蛋中的含量确实稍高，但维生素E在鸡蛋整体营养价值中所占的比重并不突出，因此其实际贡献十分有限。科学研究和专家意见也进一步支持了这一观点。例如，来自温州市人民医院的营养专家明确指出，初生蛋与普通鸡蛋在营养成分上几乎不存在实质性的区别。此外，还有研究指出，初生蛋所谓的"一生精华"更多只是商家为了吸引消费者而采用的营销手段，其营养价值并未显著高于普通鸡蛋。

在市场营销层面，初生蛋因其独特的定位和宣传策略而被赋予了较高的保健价值，并因此获得了更高的售价。然而，这种过分夸大初生蛋营养优势的营销策略有时可能会误导消费者，事实上，正如上文所讲，初生蛋与普通鸡蛋在营养成分上的差异并不显著。

对于消费者而言，尽管初生蛋可能在某些营养成分上略有优势，但这些优势对健康的影响实际上是非常有限的。鸡蛋作为一种营养全面的食品，已经能够满足人体所需的大部分营养素。因此，在选择鸡蛋时，消费者应更多地关注个人的健康需求、饮食习惯以及经济状况，而不是盲目追求某种特定类型的鸡蛋。

综上所述，初生蛋虽然在某些营养成分上可能略高于普通鸡蛋，但其整体营养价值并没有显著差异。消费者在购买时应保持理性态度，不应过分迷信初生蛋的高营养价值。更重要的是，要关注饮食的整体均衡性和多样性，通过合理饮食和均衡摄入各类营养素来维护健康。

六、功能性鸡蛋对人体是否真的有益

功能性鸡蛋，指的是经过特殊饲养管理和饲料配方调整，从而富含对人体健康有益的特定营养成分或功能因子的鸡蛋，诸如强化ω-3多不饱和脂肪酸、叶酸、硒及叶黄素等营养成分的鸡蛋。这类鸡蛋因其针对特定人群的健康益处及调节身体机能的能力，日益受到市场的青睐。

（一）功能性鸡蛋的类型及其健康效益

（1）富含ω-3多不饱和脂肪酸的鸡蛋：此类鸡蛋富含α-亚麻酸（ALA）、二十碳五烯酸（EPA）和二十二碳六烯酸（DHA）等ω-3多不饱和脂肪酸，有益于心血管健康，能降低血压，减少心脏病和卒中风险，并对儿童的大脑和视力发育至关重要。

（2）叶酸强化鸡蛋：叶酸是一种重要的水溶性B族维生素，对细胞增殖和DNA合成至关重要。叶酸强化鸡蛋通过提高饲料中叶酸的含量，能有效降低胎儿神经管缺陷的风险。

（3）富硒鸡蛋：硒是一种重要的抗氧化元素，能增强免疫力和抗氧化能力。通过在饲料中添加硒元素，富硒鸡蛋中的硒含量远高于普通鸡蛋，有助于增强机体免疫力。

（4）其他功能性鸡蛋：市场上还有强化叶黄素的鸡蛋，此类鸡蛋有助于预防眼疾，如老年性黄斑变性等。在饲料中添加虾青素的鸡蛋则因其强抗氧

化性，不仅能改善鸡蛋蛋黄色泽，还能提升蛋鸡的健康状况。

（5）功能性鸡蛋的安全与适用性考量：尽管功能性鸡蛋提供了额外的营养益处，但并非所有人群都适宜食用。例如，硒的过量摄入可能导致脱发、指甲变形等问题，对婴幼儿和孕妇而言，过量的硒也可能存在健康隐患。同样，虾青素鸡蛋虽具有抗氧化性，但长期过量摄入也可能带来不利影响，如影响胎儿发育或阻碍身体成长。

（二）总结

功能性鸡蛋能为特定人群提供额外的营养益处，但消费者应根据自身健康状况和营养需求进行选择。对于大多数健康成年人而言，每天一个普通鸡蛋已能满足基本营养需求。而对于有特殊营养需求的人群，如孕妇、老年人或有特定健康问题的人，应在医生或营养师的建议下选择功能性鸡蛋。更重要的是，消费者应从可靠的渠道购买，并避免过量摄入任何一种营养素。

七、功能性鸡蛋的富集，含量越高越好吗

功能性鸡蛋是指通过特殊的饲养管理和饲料配比，使得鸡蛋中含有对人体健康有益的特定营养成分或功能成分的鸡蛋。这些鸡蛋通常富含ω-3多不饱和脂肪酸、叶酸、硒、叶黄素等对人体有益的营养素，然而，这并不意味着这些营养素的含量越高越好，营养素的摄入需要平衡，过量或不足都可能对健康产生不利影响。

ω-3多不饱和脂肪酸对心血管健康有益，可以降低血压、降低心脏病和卒中风险，对儿童大脑和视力的发育也十分重要。但是，过量摄入也可能带来健康风险，如过的EPA和DHA可能会影响血液凝固，增加出血的风险。

叶酸是人体必需的微量营养素，摄入不足易导致孕妇贫血、胎儿神经管缺陷等。但是，过量摄入叶酸可能会掩盖维生素B_{12}缺乏的症状，导致神经系统损害。

硒是一种人体必需的微量元素，具有抗氧化、免疫调节和抗病毒作用。但是，过量摄入硒可能导致硒中毒，表现为脱发、指甲变形、毛发粗糙甚至影响智力。

叶黄素是一种类胡萝卜素，具有很强的抗氧化性，对眼睛健康具有积极意义。但是，长期摄入过多的类胡萝卜素可能会带来不利影响，如使皮肤和黏膜变黄，对消化系统产生不良刺激等。

因此，功能性鸡蛋的营养素含量并不是越高越好，而是需要根据人体的需求和耐受性来确定。消费者在选择功能性鸡蛋时，应该根据自己的健康状况和营养需求来选择，必要时可以咨询医生或营养师的建议。同时，消费者应该从可靠的来源购买功能性鸡蛋，并注意产品的标签和说明书，以确保食用安全。

此外，功能性鸡蛋的开发和生产也需要遵循科学和安全的原则。生产者应该根据营养素的生理功能和安全摄入量来设计饲料配方，并进行严格的质量控制和检测，以确保产品的安全性和营养价值。同时，政府和相关部门也应该加强对功能性鸡蛋市场的监管，制定和完善相关的标准和规范，保护消费者的权益。

总之，功能性鸡蛋可以为消费者提供额外的营养益处，但是营养素的含量并不是越高越好。消费者和生产者都应该遵循科学和安全的原则，合理选择和生产功能性鸡蛋，以实现健康和营养的平衡。

八、鸡蛋中的蛋白质是否有助于肌肉生长

鸡蛋中的蛋白质确实对肌肉生长有积极作用。鸡蛋是完全蛋白质的来源，含有多种人体必需的氨基酸，这些氨基酸对于肌肉修复和生长至关重要。当进行力量训练时，肌肉纤维会受到微小的损伤，而蛋白质的摄入有助于修复这些损伤，并促进肌肉生长。

摄入鸡蛋可以促进肌肉蛋白质的合成。在一项研究中，比较了摄入全蛋和蛋白对肌肉蛋白质合成的影响，结果发现全蛋在肌肉蛋白质合成中产生的效果比单独摄入蛋白高40%。

鸡蛋中的蛋白质质量非常高，易于消化，人体可以吸收和利用其中95%的蛋白质。这种高质量的蛋白质对于肌肉的修复和增长尤为重要，因为它提供了构建新肌肉组织所需的氨基酸。

除了蛋白质，鸡蛋还含有丰富的维生素和矿物质，如维生素D和B群维生素，这些都是维持肌肉健康和功能的重要营养素。

总的来说，鸡蛋是肌肉生长的优质蛋白质来源，但肌肉生长也受到其他因素的影响，如训练强度、饮食平衡、睡眠质量和整体生活方式。因此，虽然鸡蛋有助于肌肉生长，但还需要综合考虑其他因素，以实现最佳的肌肉生长效果。

九、鸡蛋中的 B 族维生素含量是否丰富

鸡蛋是一种营养价值高的食物，它含有丰富的蛋白质、脂肪、维生素和矿物质，特别是对于B族维生素的含量来说，鸡蛋是一个不错的来源。B族维生素是一系列水溶性维生素，包括维生素B_1（硫胺素）、维生素B_2（核黄素）、维生素B_3（烟酸）、维生素B_5（泛酸）、维生素B_6（吡哆醇）、维生素B_7（生物素）、维生素B_9（叶酸）和维生素B_{12}（钴胺素）。这些维生素在身体的新陈代谢、能量产生、神经系统健康和红细胞形成中扮演着重要角色。

根据食物营养成分表的数据，每100g鸡蛋（均值）含有的B族维生素含量如下：

（1）维生素B_1（硫胺素）：0.11mg。

（2）维生素B_2（核黄素）：0.27mg。

（3）烟酸（维生素B_3）：0.20mg。

（4）维生素B_6：含量未明确列出，但可推断为存在。

（5）维生素B_{12}：含量未明确列出，但可推断为存在。

（6）维生素B_9（叶酸）：含量未明确列出，但可推断为存在。

（7）维生素B_7（生物素）：含量未明确列出，但可推断为存在。

鸡蛋中的B族维生素含量对于日常饮食来说是有价值的，尤其是对于那些追求健康生活方式的人来说。例如，维生素B_2有助于维持皮肤和眼睛的健康，而维生素B_{12}对于神经系统的运作和红细胞的形成至关重要。尽管鸡蛋中的B族维生素含量可能不足以满足人体全部需求，但它们仍然是一个重要的补充来源。

为了确保足够的B族维生素摄入，建议采取均衡饮食，包括各种富含B族维生素的食物，如全谷物、瘦肉、鱼类、乳制品、豆类和绿叶蔬菜。此外，由于B族维生素是水溶性的，多余的维生素通常会通过尿液排出，因此需要定期通过食物摄入来补充。

总的来说，鸡蛋是B族维生素的一个良好来源，但为了全面满足身体对重要营养素的需求，应该采取多样化的饮食策略。

十、鸡蛋中的钙含量是否适合儿童和老年人摄入

鸡蛋是一种营养价值高的食物，它含有丰富的蛋白质、脂肪、维生素和矿物质。对于钙含量而言，每100g鸡蛋大约含有56mg的钙。虽然鸡蛋中的钙

含量不如牛奶、虾皮等食物丰富，但鸡蛋仍然是钙的一个良好来源，特别是对于儿童和老年人，鸡蛋可以作为日常饮食中的一部分来帮助补充钙质。

儿童和老年人是两个特别需要关注钙摄入的群体。儿童在生长发育期间需要足够的钙来构建和维护骨骼健康，而老年人则需要充足的钙来预防骨质疏松症。根据中国营养学会的建议，不同年龄段的儿童每日钙的推荐摄入量见表7-1。

表7-1　不同年龄段的儿童每日钙的推荐摄入量

年龄	钙摄入量
0~6个月	200mg/日
7~12个月	250mg/日
1岁~	600mg/日
4岁~	800mg/日
7岁~	800mg/日
11岁~	1000mg/日

对于成年人，每天应摄入800mg钙，其中孕妇、乳母及老年人应摄入1000mg。鸡蛋中的钙含量虽然不高，但可以作为日常饮食中钙的补充来源之一。此外，鸡蛋中的维生素D有助于钙的吸收，因此鸡蛋可以与其他高钙食物一起食用，以提高钙的总体摄入量。

需要注意的是，鸡蛋中的钙含量相对较低，因此不能完全依赖鸡蛋来满足钙的需求。应该通过均衡饮食，包括食用牛奶、奶制品、豆制品、绿叶蔬菜等富含钙的食物来确保足够的钙摄入。此外，适当的日晒和体力活动也有助于促进钙的吸收和维持骨骼健康。

总之，鸡蛋中的钙含量虽然不是最高的，但仍然可以作为儿童和老年人饮食中钙的一个补充来源。为了确保充足的钙摄入，建议采取多样化的饮食，并结合良好的生活习惯来促进钙的吸收和利用。

十一、鸡蛋中的矿物质是否容易被人体吸收

鸡蛋作为一种营养价值极高的食品，蕴含了丰富的蛋白质、脂肪、维生素以及多种对人体至关重要的矿物质，如钙、磷、铁、锌和硒等。这些矿物

质在维持人体正常生理机能和促进健康方面发挥着不可或缺的作用。关于鸡蛋中矿物质的吸收效率，一直是消费者关注的焦点。

鸡蛋内含的矿物质种类繁多，各自在人体中扮演着关键角色。例如，钙与磷是构建骨骼和牙齿的基础材料，铁则是构成血红蛋白的关键元素，锌对维护免疫系统的强健至关重要，而硒则作为一种高效的抗氧化剂，有助于抵御细胞氧化损伤。

鸡蛋中矿物质的吸收效率受到多种因素的制约，包括矿物质的存在形态、鸡蛋的加工方式及其与其他食物的相互作用等。通常情况下，鸡蛋中的矿物质以易于人体吸收的形式存在，尤其是经过煮、蒸等低温烹饪方式处理后，其生物利用率显著提升。

研究表明，鸡蛋中的蛋白质和矿物质等营养素的生物利用率极高，其中蛋白质的吸收率甚至超过90%，这表明鸡蛋中的营养素能够高效地被人体所利用。同时，鸡蛋中的硒元素也具有较高的生物利用率，主要以硒代氨基酸的形态存在，这种形态下的硒易于被人体吸收和转化。

值得注意的是，鸡蛋中某些矿物质的吸收可能会受到其他成分的影响。例如，卵黄高磷蛋白可能会干扰铁的吸收，因此虽然鸡蛋是铁的一个来源，但并非最佳来源。

总体而言，鸡蛋中的矿物质易于被人体吸收，特别是通过合理的烹饪方式和饮食搭配，因此，鸡蛋可作为日常饮食中钙、磷、锌、硒等矿物质的重要补充来源。为了最大化鸡蛋中矿物质的吸收效率，建议采用煮、蒸等低温烹饪方法，并与其他促进矿物质吸收的食物（如富含维生素C的水果）进行合理搭配，以提高矿物质的生物利用率。

十二、鸡蛋的消化率为多少

鸡蛋作为营养学界公认的高价值食材，其消化率与营养吸收效率一直是科研探索的重要领域。鸡蛋内含的蛋白质、脂肪、维生素及矿物质等营养素，不仅丰富多样，而且生物利用率极高，意味着它们能高效地转化为人体所需的能量。

首先，鸡蛋蛋白质的质量堪称卓越，它囊括了人体必需的全部氨基酸，且氨基酸构成比例与人体蛋白质极为接近，因此被誉为"完全蛋白质"。尤为值得一提的是，水煮蛋的蛋白质消化率惊人，达到了99.7%，几乎实现了全吸收，这主要得益于烹饪过程中蛋白质的热变性作用，使其结构变得更为松散，便于消化酶的高效分解。

鸡蛋中的脂肪成分同样不容忽视，它们主要集中在蛋黄部分，以不饱和脂肪酸为主，这些脂肪酸在维护细胞膜流动性、完整性以及促进人体生理机能方面发挥着关键作用。与此同时，鸡蛋中的脂溶性维生素，如维生素A和维生素E，在烹饪过程中展现出良好的稳定性，即便是在常规烹调条件下，其损失也微乎其微。

此外，鸡蛋还是B族维生素的宝库，涵盖了维生素B_1、维生素B_2、烟酸、生物素以及维生素B_{12}等多种关键营养素，这些维生素在烹饪过程中的损失相对较小，尤其是采用水煮或蒸制等温和烹饪方式时。值得注意的是，生鸡蛋中存在一种名为抗生物素蛋白的物质，它会干扰人体对生物素的吸收，但幸运的是，通过煮、蒸、炒、煎等适当的烹饪处理，我们可以轻松破坏这一抗营养因子，从而显著提升生物素的利用率。

鸡蛋中的矿物质元素，如钙、磷、钾、铁等，同样在烹饪过程中展现出良好的稳定性，不易因烹饪方法而大量流失。这些矿物质对于维持骨骼健康、促进神经传导以及保障肌肉收缩等生理功能至关重要。

烹饪方法的选择对于鸡蛋的消化率同样具有重要影响。例如，生食鸡蛋的蛋白质消化率仅为30%~50%，原因在于其蛋白质结构紧密，难以被人体消化酶有效分解。相比之下，经过适当烹饪（如水煮）的鸡蛋，其蛋白质结构变得更为松散，消化酶能够更轻松地分解它们，从而提高消化率。但值得注意的是，过度烹饪（如煮制时间过长）也可能导致蛋白质过分凝固，反而影响消化吸收。

综上所述，鸡蛋是一种极易被人体消化吸收的食物。通过选择合理的烹饪方法，如水煮或蒸制，我们不仅可以最大限度地保留鸡蛋的营养成分，还能显著提高其消化率。当然，为了确保食品安全，避免食物中毒的风险，我们应确保鸡蛋烹煮至蛋黄完全凝固。这样，我们不仅能充分利用鸡蛋中的丰富营养，还能在享受美味的同时，保障饮食安全与健康。

十三、鸡蛋中的生物素是否有助于降低血糖水平

鸡蛋作为一种营养价值极高的食物，包含了高质量的蛋白质、脂肪、维生素以及矿物质，其中生物素（也被称为维生素B_7）是其一大亮点。生物素

在人体内发挥着诸多重要作用，从促进细胞生长与分裂，到维护神经系统健康，再到助力脂肪代谢及保持头发与皮肤的良好状态，均有生物素的积极影响。

针对鸡蛋中的生物素是否能协助降低血糖水平这一问题，已有研究揭示了其潜在的积极作用。一项系统性的评价与荟萃分析指出，生物素干预可能对2型糖尿病患者的血糖与血脂管理带来正面效应，具体而言，在28~90天的生物素补充后，患者的空腹血糖、总胆固醇及甘油三酯水平均有显著降低。此外，另有研究表明，生物素补充剂与矿物质铬的结合使用，能够进一步降低Ⅱ型糖尿病患者的血糖。

需要明确的是，生物素对血糖的调控作用并非孤立存在，而是与饮食、运动、体重管理及药物治疗等多种因素相互作用的结果。鸡蛋作为营养丰富的食物，其对血糖的影响可能源自其含有的多种营养素，如蛋白质、维生素D及胆碱等，这些成分通过不同机制对血糖水平产生影响，例如蛋白质可通过延缓胃排空及降低小肠吸收率来帮助控制餐后血糖的上升。

尽管鸡蛋中的生物素对健康有益，但它并非影响血糖的唯一因素。对于糖尿病患者或血糖偏高的人群，建议在专业医生或营养师的指导下，采取均衡的饮食模式，其中包括适量摄入鸡蛋，同时注重整体能量摄入与饮食的多样性，以优化血糖控制效果。此外，定期监测血糖水平，并根据实际情况调整饮食与生活方式，对于维持血糖稳定同样至关重要。

十四、鸡蛋的蛋黄膜是否含有营养成分

鸡蛋内部的蛋黄膜，也常被称作卵黄膜，扮演着鸡蛋内部结构中最内层防护的角色，其功能类似于细胞结构中的细胞膜，主要负责保护蛋黄，避免其在鸡蛋内部受损或与其他组分混合。从营养学的视角审视，蛋黄膜自身并不富含特殊的营养成分，其主要由蛋白质构成，这些蛋白质在鸡蛋经历加热煮熟的过程中会发生变性，进而形成一层薄薄的膜状结构。

尽管如此，蛋黄膜所环绕的蛋黄部分却是鸡蛋中营养物质的汇聚之地。蛋黄富含高脂肪和胆固醇，同时也囊括了多种维生素和矿物质，诸如维生素A、维生素D、维生素E、维生素K、磷和铁等。此外，蛋黄中还蕴藏了对视力维护有益的叶黄素和玉米黄素，以及对大脑健康具有积极作用的卵磷脂。

至于蛋黄膜对血糖水平的影响，目前的研究并未特别聚焦于蛋黄膜本身对血糖的直接作用。然而，鸡蛋作为整体而言，是一种营养价值颇高的食物，适量摄入可以作为健康饮食的一部分。对于糖尿病患者或需要管理血糖的人群，建议在医生或营养专家的指导下，科学规划饮食，包括鸡蛋的摄入量。

参考文献

［1］ 孙从佼，杨宁.中国蛋鸡种业发展概况与未来发展趋势［J］.中国禽业导刊，2022，39（6）：5-8.

［2］ 杨桂英.蛋鸡高效养殖及优质鸡蛋生产技术［J］.当代畜牧，2022（6）：78-79.

［3］ 张瑞，何丽丽，郭莹，等.ω-3脂肪酸强化鸡蛋在不同烹饪方法中的营养损失［J］.中国食物与营养，2015，21（8）：64-68.

［4］ 韩美仪，杜涓，张一舟，等.不同烹饪方法对鸡蛋滋味和挥发性物质的影响［J］.食品工业，2021，42（4）：456-459.

［5］ Thiry C，Ruttens A，Temmerman L D，et al. Current knowledge in species-related bioavailability of selenium in food［J］. Food Chemistry，2012，130（4）：767-784.

［6］ 陈有亮，杨玉爱.功能性鸡蛋［J］.广东微量元素科学，1999，6（8）：1-4.

［7］ 蒋彩云，时学锋，陈若晨，等.ω-3多不饱和脂肪酸强化鸡蛋的研究进展［J］.中国家禽，2023，45（9）：82-89.

［8］ 曹文慧，徐丽娜，李彤，等.辛烯基琥珀酸酐复合超声改性提高鸡蛋全蛋液热稳定性［J］.食品科学，2019，40（7）：135-143.

［9］ 刘俊梅，王丹，李琢伟，等.高剪切分散乳化法提高蛋白质的热稳定性［J］.粮油加工（电子版），2014（6）：67-70.

［10］ 常玲玲，卜柱，付胜勇，等.不同透明度鸽蛋蛋白质构、微观结构及营养成分差异分析［J］.食品安全质量检测学报，2017，8（1）：177-181.

［11］ 芦鑫，程永强，李里特.研究蛋白质凝聚凝胶的技术进展［J］.中国粮油学报，2010，25（1）：132-137，142.

［12］ 金志强，张锦胜，刘玉环，等.利用核磁共振及成像原理研究鸡蛋的煮熟过程［J］.食品工业科技，2008，29（8）：112-114.

［13］ 顾璐萍，范巧，李俊华，等.热处理方式对虾青素强化鸡蛋消化特性的影响［J］.食品工业科技，2022，43（23）：112-118.

［14］ 王瑶瑶.生食鸡蛋杀菌技术研究［D］.北京：中国农业科学院，2020.

［15］ 丁波，陈育林，窦玉萍，等.溏心蛋加工工艺优化［J］.食品工业科技，2021，42（4）：135-141，148.

［16］ 钟凯.溏心蛋到底能不能吃［J］.健康博览，2019（9）：58-59.

［17］ 程静，李丽婵，陈旭，等.皮蛋加工过程中凝胶及风味形成机制［J］.食品工业科技，2024，45（5）：357-366.

［18］ 袁祯奕.茶叶蛋和白煮蛋哪个更有营养［J］.健康博览，2023（10）：61.

［19］ 马政，薄乐，祝贺，等.浅谈预制菜标准建设存在的问题及解决措施［J］.农产品加工，2023（14）：85-92，96.

［20］ 唐仁承.鸡蛋仔［J］.食品与生活，2019（1）：42-43.

［21］ 李徽，王毅梅，魏新林.壳聚糖功能性蛋黄酥的研制［J］.上海师范大学学报（自然科学版），2014，43（6）：589-593.

［22］ 张奎，温红瑞.影响冰淇淋蛋卷保脆性因素的分析［J］.内蒙古科技与经济，2009（5）：58.

［23］ Zhou X，Chen Z，Nojima T. Pigeon egg white protein-based transparent durable hydrogel via monodisperse ionic surfactant-mediated protein condensation［J］.Sci Rep，2022（12）：4633.

［24］ 申海朋.VIDEOJET-1000系列：为鸡蛋标识提供全面解决方案［J］.食品安全导刊，2011（Z1）：59-60.

［25］ 胡莉，靳可婷，仲伶俐，等.鸡蛋喷码油墨成分的测定及膳食安全分析［J］.食品安全质量检测学报，2018，9（2）：429-433.

［26］ 纪州喷码技术有限公司.日本KGK喷码机鸡蛋标识技术［J］.中国禽业导刊，2008，25（22）：59.

［27］ 张永生，张瑞敏.“食物相克”的营养学解读［C］//第五届全国中西医结合营养学术会议，2014.

［28］ 陈冠如.鸡肉、鸡蛋食物配伍禁忌拾粹与思考［J］.中国禽业导刊，

2006，23（12）：35-36.

［29］刘宇良.拉曼光谱无损检测鸡蛋新鲜度的研究［D］.无锡：江南大学，2021.

［30］齐晓丽.鸡蛋新鲜与否的鉴别［J］.农业知识，2000（12）：45.

［31］刘洋，徐丹，田尧夫，等.蛋壳色素及蛋壳颜色形成机理的研究进展［J］.中国家禽，2024（4）：1-8.

［32］陈育青.蛋壳颜色的形成机理及影响因素［J］.福建畜牧兽医，2020，42（5）：45-47.

［33］罗睿杰，杨哲维，刘华伟，等.鸡蛋蛋壳颜色影响因素及其与蛋品质及营养特性关系研究进展［J］.中国家禽，2022，44（7）：96-104.

［34］周文斌，周晨，陈若晨，等.水煮鸡蛋蛋黄颜色变化规律及其影响因素研究［J］.中国禽业导刊，2023，40（12）：44-47.

［35］侯钟雯.煮制条件对鸡蛋主要营养成分及风味的影响［D］.长沙：湖南农业大学，2022.

［36］朱功全，王雨晴，葛晶，等.鸡蛋蛋壳颜色的形成及其影响因素［J］.中国家禽，2024，46（10）：126-132.

［37］周岩.可生食鸡蛋是不是智商税？［N］.中国食品报，2022-2-18.

［38］廖玉婷.12款无菌蛋对比：3.6元一枚的可生食鸡蛋更安全、更营养？［J］.消费者报道，2024（3）：28-32.

［39］王思允.出汗的鸡蛋［J］.快乐作文，2013（25）：29.

［40］汪敏，韦平.国际家禽健康动态［J］.广西畜牧兽医，2019，35（3）：106-108.

［41］李晓静.关于鸡蛋的那些事儿［N］.吉林日报，2017-7-12.

［42］张长友.提升柴鸡蛋品质的饲养方法［J］.农村新技术，2023（7）：32-33.

［43］缪仕国.蛋黄颜色深，就是好鸡蛋？［J］.儿童故事画报，2016（34）：14.

［44］暗号.鸡蛋：勿以颜色论营养［J］.家庭科技，2016（3）：42.

［45］本刊综合.蛋黄颜色深不代表健康［J］.发明与创新（大科技），2019（4）：47.

［46］石杨红，徐森，姜丹，等.鸡蛋的保鲜指标、常规检测方法及保鲜技术

［J］.家禽科学，2024，46（6）：54-59.

［47］ 吴海港，武娴，韩景峰，等.不同温度和时间下散养鸡鸡蛋感官、微生物以及氨基酸变化分析［J］.中国饲料，2023（13）：16-21.

［48］ 宋延来.鸡蛋异常的原因与防控［J］.吉林畜牧兽医，2023，44（6）：71-72.

［49］ 潘春华.一鸽胜九鸡［J］.食品与健康，2018（7）：24.

［50］ 赵庆楼，赵娟.鸽子蛋的药用价值与养生疗法［J］.现代畜牧科技，2016（3）：172.

［51］ 李雪雁，戴佩芬，林苗，等.鸽蛋营养成分测定与价值分析［J］.食品研究与开发，2017，38（19）：123-126.

［52］ 卜柱，常玲玲，付胜勇，等.鸽蛋蛋白透明度研究进展［J］.中国家禽，2021，43（1）：101-104.

［53］ 龚兰，赵航，朱磊，等.基于蛋白组学的鸽蛋蛋白功能特性研究［J］.农产品质量与安全，2023（4）：5-12，37.

［54］ 何春霞，王修俊，于沛，等.低盐咸鸭蛋腌制过程对蛋黄中游离氨基酸和风味的影响［J］.食品与发酵工业，2023，49（15）：243-249.

［55］ 念安.咸鸭蛋中的蛋黄油来自何方？［J］.中国食品工业，2021（13）：71.

［56］ 郑颜，胥清翠，范丽霞，等.鸡蛋营养品质评价的研究进展［J］.中国食物与营养，2022，28（1）：45-50.

［57］ 牟感恩，龙伟，李德冠，等.鲜鸭蛋营养及健康效应的评价研究［J］.食品科技，2018，43（7）：29-34.

［58］ 刘胜国.特色风味蒸鸡蛋的研究［D］.广东：华南理工大学，2006.

［59］ 白糖蒸鸡蛋：一招搞定咳嗽［J］.家禽科学，2016（4）：34-34.

［60］ Mott M M, Zhou X, Bradlee M L, et al. Egg intake is associated with lower risks of impaired fasting glucose and high blood pressure in framingham offspring study adults［J］. Nutrients, 2023, 15（3）：507.

［61］ 中华预防医学会，中华预防医学会心脏病预防与控制专业委员会.中国健康生活方式预防心血管代谢疾病指南［J］.中华预防医学杂志，2020，54（3）：256-277.

［62］ 中国营养学会.中国居民膳食指南（2022年版）［M］.北京：人民卫生

出版社，2022.

［63］侯宇.蛋干生产工艺优化研究［D］.长春：吉林大学，2015.

［64］贾娟，王婷婷.蛋白液鸡蛋干关键加工工艺［J］.农产品加工，2014（10）：4.

［65］王云浩，郑玉才，李志雄，等.不同种类禽蛋的蛋品质和蛋内营养成分的比较分析［J］.畜牧与兽医，2022，54（5）：40-44.

［66］王庆玲.禽蛋脂质分析及鸡蛋贮藏过程中脂质变化规律的研究［D］.武汉：华中农业大学，2016.

［67］冯晓璇，梁天一，曾晓房，等.鸽蛋的营养及与其他禽蛋营养的比较分析［J］.农产品加工，2020（17）：44-49.

［68］谢绿绿.鸡蛋黄中脂质成分及脂肪酸组成分析研究［D］.武汉：华中农业大学，2011.

［69］唐传核，徐建祥，彭志英.脂肪酸营养与功能的最新研究［J］.中国油脂，2000（6）：20-23.

［70］Polichetti E，Janisson A，Paulette Lechène de la Porte，et al.Dietary polyenylphosphatidylcholine decreases cholesterolemia in hypercholesterolemic rabbits – Role of the hepato-biliary axis［J］.Life Sciences，2000，67（21）：2563-2576.

［71］Angel J M，Laura S M，Francesco V，et al.Evidence that polyunsaturated lecithin induces a reduction in plasma cholesterol level and favorable changes in lipoprotein composition in hypercholesterolemic rats［J］.Journal of Nutrition，1990（7）：659-667.

［72］An B，Nishiyama H，Tanaka K，et al.Dietary safflower phospholipid reduces liver lipids in laying hens［J］.Poultry Science，1997，76（5）：689.

［73］Chung，Shu-Ying，Moriyama，et al.Administration of phosphatidylcholine increases brain acetylcholine concentration and improves［J］.Journal of Nutrition，1995.

［74］Li X，Xia M，Zeng Q，et al. Eggstraordinary health：exploring avian egg proteins and peptides in boosting immunity and health maintenance. Food Science of Animal Products，2023，1（4）：9240047.

［75］ 赵法利，刘静波，刘瑜，等.鸡蛋中功能成分的研究［J］.食品科学，2006，27（12）：798-802.

［76］ 杨恩升."初生蛋"营养价值真的更高吗?［J］.农业知识（科学养殖），2012（10）：60.

［77］ 吕莉，李源，井美娇，等.普通鸡蛋，土鸡蛋和乌鸡蛋营养成分比较［J］.黑龙江畜牧兽医，2017（9）：3.

［78］ 石兰.鸡蛋"食用指南"［J］.食品界，2024（7）：24-25.

［79］ 汤鑫磊.不同烹饪方式对鸡蛋蛋白质致敏性的影响及机制研究［D］.扬州：扬州大学，2023.

［80］ 张敏，张海军，王晶，等.功能性蛋的研究进展与展望［J］.粮食与食品工业，2020，27（1）：43-47，50.

［81］ 薛艳蓉，茂文，赵瑞生，等.鸡蛋在储存过程中微生物及蛋品质的变化研究［J］.畜牧与饲料科学，2017，38（8）：67-69，72.

［82］ 杨晓盼，刘丽莉，黄正迪，等.常温贮藏期间鸡蛋白流变特性和蛋白质成分的变化［J］.浙江农业学报，2021，33（3）：526-533.

［83］ 李瑞阳，郭艳，张进良.不同储存温度和时间对鸡蛋品质的影响［J］.畜禽业，2024，35（7）：9-14.

［84］ 赵涵.不同品种鸡蛋营养成分差异及储存时间对其蛋品质的影响［D］.秦皇岛：河北科技师范学院，2023.

［85］ 中国营养学会.中国居民膳食营养素参考摄入量2023版［M］.北京：人民卫生出版社，2023.

［86］ Chamila N，Jianping W .Hen egg as an antioxidant food commodity：A review［J］.Nutrients，2015，7（10）.

［87］ Zhao M，Wen K，Xue Y，et al.Probing the effects of dietary selenised glucose on the selenium concentration，quality，and antioxidant activity of eggs and production performances of laying hens［J］.Animal：An International Journal of Animal Bioscience，2021，15（11）：100374.

［88］ 许雯雯，王建萍，张克英.鸡蛋的抗氧化性能及营养调控研究进展［J］.2021.

［89］ Luc Djoussé，Guohai Zhou，Robyn L，et al. Egg consumption，overall diet quality，and risk of type 2 diabetes and coronary heart disease：A pooling

project of US prospective cohorts［J］. Clinical Nutrition，2021，5（40）：2475-2482.

［90］ Terry Evans，朱文奇.鸡蛋蛋白质功能新发现［J］.中国家禽，2008，30（6）：1.

［91］ 孙浩浩，彭常安.鸡蛋中功能活性肽的研究进展［J］.粮食流通技术，2022（16）：28.

［92］ 王梁，赵冬琴.鸡蛋中微量矿物元素的富集研究［J］.中国畜牧业，2015（17）：2.

［93］ Kovacs-Nolan J，Phillips M，Mine Y .Advances in the value of eggs and egg components for human health［J］. J Agric Food Chem，2005，53（22）：8421-8431.

［94］ 何万领，李晓丽，李旺，等.不同水平有机微量元素对蛋鸡矿物元素沉积与排泄的影响［J］.动物营养学报，2017.

［95］ Bhat Z，Morton J D，Bekhit E D，et al. Effect of processing technologies on the digestibility of egg proteins［J］. Comprehensive Reviews in Food Science and Food Safety，2021.

［96］ 郭蔚波，赵燕，徐明生，等.不同处理方式下蛋白质结构变化与体外消化性关系研究进展［J］.食品科学，2019，40（1）：7.

［97］ Shojaei-Zarghani S，Najafi N，Fattahi M R，et al.Influence of garlic on the glycemic control and lipid profile in animals with nonalcoholic fatty liver disease：A systematic review and meta-analysis［J］. Planta Medica［2024-10-24］.

［98］ 郭晶，廖剑洪，沈畅华，等.禽蛋蛋白体外模拟消化液的营养与抗氧化性差异分析［J］.中国食品学报，2023，23（2）：121-130.

［99］ 王帅，吴子健，刘建福，等.鸡卵类黏蛋白结构与性质研究进展［J］.食品科学，2014（17）：6.

［100］庄珑昱，郑江霞.鸡蛋品质评价方法研究进展及其影响因素分析［J］.中国家禽，2024，46（3）：87-94.

［101］ 王贝贝，常心雨，郝二英，等.鸡蛋保鲜技术研究进展［J］.中国家禽，2024，46（10）：133-140.

［102］ 孙从佼，李俊英，郑江霞，等.放置方式对鸡蛋新鲜度的影响［J］.农

村养殖技术，2011（13）：17.

［103］ 中华人民共和国农业农村部，国家卫生健康委员会，国家市场监督管理总局. GB 31650.1—2022食品安全国家标准　食品中41种兽药最大残留限量［S］.北京：中国标准出版社，2023.

［104］ 本刊编辑部.鸡蛋营养丰富三类人吃时要小心［J］.中国食品，2021（3）：150.

［105］ 本刊编辑部.鸡蛋可促进脑发育用作婴幼儿辅食营养高［J］.中国食品学报，2018，18（1）：269.

［106］ 佚名.鸡蛋的营养价值及相克食物［J］.家禽科学，2013（7）：59.

［107］ 本刊编辑部.新鲜鸡蛋的鉴别［J］.家禽科学，2010（4）：27.

［108］ 本刊编辑部. 蛋壳颜色与鸡蛋营养有关吗？如何辨别新鲜鸡蛋？［J］.新疆畜牧业，2017，32（9）：61–62.

［109］ 佚名.慎食五种鸡蛋［J］.山东食品科技，1999（4）：40.

［110］ 本刊编辑部.蛋壳颜色与营养含量有关吗？［J］.家禽科学，2022，（3）：33.

［111］ 魏红，汪红. 色素添加剂在蛋黄着色上的应用［J］.饲料博览，2004（2）：41–43.

［112］ Jia J，Wang Y X，Liu Y Y，et al. Exploration of interaction of canthaxanthin with human serum albumin by spectroscopic and molecular simulation methods［J］.Luminescence，2018，33（2）：425–432.

［113］ 沈曼曼，王莹.影响蛋黄颜色沉积因素分析［J］.广东饲料，2014，23（6）：43–45.

［114］ 刘晓辉，范秀丽，解庆柱.影响禽蛋蛋黄颜色的因素分析［J］.家禽科学，2009（10）：23–25.

［115］ 梁明振，梁贤威.着色剂问题探讨［J］.粮食与饲料工业，2002（6）：26–27.

［116］ 冒国祥，李亮，苏衍菁，等.不同色素添加剂对蛋黄着色效果的影响［J］.中国家禽，2006，28（24）：142.

［117］ 云无心.说说蛋黄的颜色［J］.江苏卫生保健，2018（3）：49.

［118］ 王杰.常温贮存鸡蛋的细菌数量变化规律研究［J］.北方牧业，2021（12）：23–24.

［119］ 徐同成，祝清俊，官琦，等.鸡蛋保鲜技术的研究进展［J］.农产品加工（学刊），2009（7）：40-43.

［120］ 周显彬.小小一枚鸡蛋折射出中国消费变革：从无到有从有到好［N］.四川日报，2021-10-14（010）.

［121］ 中华人民共和国国家卫生和计划生育委员会.GB 2749—2015 食品安全国家标准　蛋与蛋制品［S］.北京：中国标准出版社，2016.

［122］ 中华人民共和国农业农村部，国家卫生健康委员会，国家市场监督管理总局.GB 31650—2019食品安全国家标准　食品中兽药最大残留限量［S］.北京：中国标准出版社，2020.

［123］ 国家卫生健康委员会，国家市场监督管理总局.GB 2762—2022 食品安全国家标准　食品中污染物限量［S］.北京：中国标准出版社，2023.

［124］ 国家卫生健康委员会，国家市场监督管理总局.GB/T 29921—2021食品安全国家标准　食品中致病菌限量标准［S］.北京：中国标准出版社，2021.

［125］ 万建美，韩浩月.最佳蛋品质量实用指南［J］.国外畜牧学（猪与禽），2018，38（5）：42-46.

［126］ 王振芳，刘晓坤，李春红，等.影响蛋鸡蛋壳质量的因素［J］.北方牧业，2022（13）：16.

［127］ 陈雁南.影响鲜鸡蛋品质分级的因素及调控措施［J］.现代畜牧科技，2023（4）：50-52.

［128］ 万建美，罗静如.最佳蛋品质量实用指南（续3）［J］.国外畜牧学（猪与禽），2018，38（8）：38-41.

［129］ 中国畜牧业协会.T/CAAA 092—2022中国畜牧业协会团体标准　鲜鸡蛋品质与分级［S］.北京：中国标准出版社，2022.

［130］ 朱勇，李永华.鸡蛋中氟苯尼考残留规律的探讨［J］.浙江农业科学，2022，63（11）：2612-2615.

［131］ 关心慧，郑君杰，方芳，等.基于抽检数据的北京市鸡蛋安全状况分析与对策探析［J］.中国畜牧杂志，2023，59（6）：321-325.

［132］ 宋野.鸡蛋松花蛋腌制工艺及颜色风味品质研究［D］.南京农业大学，2015.

［133］ 何晋浙，毛燊杰，史秀之，等. 皮蛋中重金属元素的潜在风险评估
［J］. 浙江工业大学学报，2015，43（1）：77-82.

［134］ 包楚翘，谢青梅，蔺文成，等. 鸡蛋壳暗斑形成及影响因素研究进展
［J］. 黑龙江畜牧兽医，2021，（1）：36-38，45，161-162.

［135］ 张铭容，叶劲松，张子丽，等. 鸡蛋壳暗斑对鸡蛋贮藏性能的影响
［J］. 食品与机械，2016，32（6）：118-122.

［136］ 高金波，韩海霞，周艳，等. 正常蛋与暗斑蛋的品质和蛋壳超微结构
差异分［J］. 山东农业科学，2019，51（8）：112-115.

［137］ 姜明君. 笼养蛋鸡钙代谢对蛋壳质量的影响及其机制研究［D］. 泰安：
山东农业大学，2015.

［138］ 满冰兵. 食品安全风险监测与评估高层次人才队伍建设探索［J］. 中
国卫生人才，2017，（11）：56-61.

［139］ 国家质量监督检验检疫总局. GB/T 21312—2007 动物源性食品中14种
喹诺酮药物残留检测方法液相色谱-质谱/质谱法［S］. 北京：中国标
准出版社，2008.

［140］ 中华人民共和国农业农村部，国家卫生健康委员会，国家市场监督管
理总局. GB 31658.6—2021食品安全国家标准　动物性食品中四环素
类药物残留量的测定 高效液相色谱法［S］. 北京：中国标准出版社，
2022.

［141］ 中华人民共和国农业农村部，国家卫生健康委员会，国家市场监督管
理总局. GB 31659.2—2022食品安全国家标准　禽蛋、奶和奶粉中多
西环素残留量的测定　液相色谱-串联质谱法［S］. 北京：中国标准
出版社，2023.

［142］ 国家质量监督检验检疫总局，中国国家标准化管理委员会. GB/T
21311—2007 动物源性食品中硝基呋喃类药物代谢物残留量检测方法
高效液相色谱/串联质谱法［S］. 北京：中国标准出版社，2008.

［143］ 中华人民共和国农业农村部，国家卫生健康委员会，国家市场监督管
理总局. GB 31658.20—2022食品安全国家标准　动物性食品中酰胺醇
类药物及其代谢物残留量的测定　液相色谱-串联质谱法［S］. 北京：
中国标准出版社，2023.

［144］ 杨宁. 2014年我国蛋鸡产业状况及发展趋势［J］. 中国畜牧杂志，

2015, 51（2）: 32-37.

[145] 黄炎坤，杨朋坤，李双慧，等. 摆放方式对鸡蛋贮存期间物理性状的影响［J］. 黑龙江畜牧兽医，2018（6）: 62-64.

[146] 李龙，马政，亢守亭，等. 鸡蛋不同贮藏温度的新鲜度变化以及货架期预测模型研究［J］. 中国家禽，2021，43（12）: 56-60.

[147] 赵亚楠. 鸡蛋冷藏能存五周［J］. 农村新技术，2015（10）: 58.

[148] 本刊编辑部. 研究揭示虾青素在鸡蛋中富集规律［J］. 家禽科学，2021（8）: 34.

[149] 陈亚楠. 虾青素鸡蛋品质和贮藏性能研究［D］. 天津科技大学，2022.

[150] 国家标准化管理委员会. GB/T 23745—2009饲料添加剂 10%虾青素［S］. 北京: 中国标准出版社，2009.

[151] 邓雪娟，季小禹，刘宁，等. 虾青素在蛋鸡生产中的应用研究进展［J］. 中国畜牧杂志，2023，59（5）: 30-33.

[152] 范巧. 富含虾青素鸡蛋的加工适应性及消化特性研究［D］. 江南大学，2022.

[153] 孙伟红. 不同来源虾青素的分离制备及其构效关系研究［D］. 中国海洋大学，2015.

[154] 陈曦. 无菌蛋并非完全无菌［J］. 中国食品工业，2022（12）: 86-87.

[155] 汪应梅. 吃鸡蛋太多也会中毒［J］. 四川农业科技，2006（5）: 31.

[156] 肖伯晗. 蛋鸡饲养场沙门氏菌实验的监测意义和预防措施［J］. 现代畜牧科技，2023（3）: 94-97.

[157] 韵小娟，王娇，李庆霞，等. 鸡蛋中药物残留的危害与现状［J］. 食品安全质量检测学报，2020，11（15）: 4967-4972.

[158] Besser J M. Salmonella epidemiology: a whirlwind of change［J］. Food microbiology, 2018, 71: 55-59.

[159] Zhang S, Den Bakker H C, Li S, et al. SeqSero2: Rapid and improved Salmonella serotype determination using whole-genome sequencing data［J］. Applied and environmental microbiology, 2019, 85（23）: e01746-19.

[160] 王岩. 鸡沙门氏菌病的诊断与防治［J］. 家禽科学，2022（3）: 19-21.

[161] Guard-Petter J. The chicken, the egg and Salmonella Enteritidis［J］.

Environmental microbiology，2001，3（7）：421–430.

［162］ 邢献国.半熟蛋引发腹泻的元凶——沙门氏菌［J］.食品与健康，2023，35（8）：20–21.

［163］ 吕井余.浅析无抗养殖与鸡蛋食品安全［J］.畜牧兽医科技信息，2021（10）：175.

［164］ 刘小国，张健.蛋鸡无抗健康养殖技术研究［J］.粮油与饲料科技，2024（2）：153–155.

［165］ 文涵，左杉."无抗"产品受到消费者追捧　养殖企业需加大防控疾病风险［J］.中国食品，2024（17）：100–101.

［166］ 张园，冯鹏，王莹，等.蛋鸡无抗养殖生产技术初探［J］.陕西农业科学，2023，69（8）：95–98.

［167］ 汪文君，何善平.蛋鸡无抗养殖技术分析［J］.养殖与饲料，2022，21（8）：56–58.

［168］ 魏维芮.浅谈我国抗生素的滥用问题及对策［J］.化工管理，2018（3）：92，94.

［169］ 孙艳梅，许欣欣，王莹.蛋鸡无抗养殖技术实践［J］.吉林畜牧兽医，2020，41（12）：40–41.

［170］ 刘晓明.蛋品储藏过程中新鲜度变化研究［D］.齐鲁工业大学，2014.

［171］ 罗红霞.畜产品加工技术［M］.北京：化学工业出版社，2007.

［172］ 佚名.散黄鸡蛋，还能吃吗［J］.保健医苑，2014，（9）：63.

［173］ 湖北省家禽业协会.T/HBPA 001—2019土鸡蛋［S］.北京：中国标准出版社，2019.

［174］ 临沂市食品工业协会.T/LYFIA 002—2019无抗鲜鸡蛋［S］.北京：中国标准出版社，2019.

［175］ 中国畜牧业协会.T/CAAA 089—2022规模化蛋鸡场无抗养殖技术规范［J］.畜牧产业，2023（9）：9–12.

［176］《中国血脂管理指南》修订联合专家委员会.中国血脂管理指南（2023年）.北京：人民卫生出版社，2023.

［177］ 国家卫生健康委员会.成人高脂血症食养指南（2023年版）［J］.全科医学临床与教育，2023，21（7）：581–583.

［178］ 牛海英.发烧时别吃鸡蛋［J］.家庭科学·新健康，2019（2）：27.

［179］ 陈瑞锋. 高脂血症患者应该怎么吃［J］. 健康博览，2020（6）：1.

［180］ Lim G B . Eating eggs is linked to increased risk of CVD［J］. Nature Reviews Cardiology，2019，16（6）：320.

［181］ T P M Y，K J V. Are eggs a superpower for the brain and memory?［J］. Frontiers for Young Minds，2022，10：697754.